한국 교회가 가야할 길

한국 교회가 가야할 길

발행	2022년 7월 9일
지은이	김진홍
발행인	윤상문
디자인	박진경, 장미림
발행처	킹덤북스
등록	제2009-29호(2009년 10월 19일)
주소	경기도 용인시 기흥구 동백동 622-2
문의	전화 031-275-0196 팩스 031-275-0296
ISBN	979-11-5886-245-9 03230

Copyright ⓒ 2022 김진홍

이 책은 저작권법에 따라 보호받는 저작물이므로 무단전재와 복제를 금지하며,
이 책의 내용의 전부 또는 일부를 이용하려면 반드시 저작권자와 킹덤북스의
서면 동의를 받아야 합니다.

※ 잘못된 책은 구입한 곳에서 교환하여 드립니다.
※ 책 가격은 표지 뒷면에 있습니다.

킹덤북스(Kingdom Books)는 문서사역을 통해 하나님의 나라를 확장하고,
한국 교회와 세계 교회를 섬기고자 설립된 출판사입니다.

한국 교회가
가야할 길

김진홍 지음

모두가 행복한 공동체

코로나19바이러스로 드러난 한국 교회의 민낯

예수 그리스도의 제자 양육   사회적 성화

어떻게 한국 교회가 이 땅에서 교회다움을 회복할 수 있는가?   가정 신앙 교육

선교적 교회 되기   온 백성에게 칭송을 받는 공동체

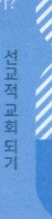

킹덤북스
Kingdom Books

| 목차 |

들어가는 말 _한국 교회, 희망 담기   06

코로나19 바이러스로 드러난 한국 교회의 민낯

1장 기독교 영성 상실   12
2장 공동체성 상실   24
3장 공교회성 상실   34
4장 공공성 상실   48

선교적 교회란

5장 선교적 교회 되기   58
6장 선교적 교회의 요소들   70

존 웨슬리의 성화론에서 답을 찾다

7장 의인(justification)	80
8장 성화(sanctification)	91
9장 완전 성화(Christian perfection)	103
10장 성화수련과 소그룹(속회)	113
11장 사회적 성화	126
12장 경제적 성화	138
13장 우주적 성화(생태, 환경 회복)	149

코로나19 바이러스 이후 한국 교회의 과제들과 실천

14장 온 백성에게 칭송을 받는 공동체	162
15장 모두가 행복한 공동체	172
16장 해함도 없고, 상함도 없는 세상	183
17장 둘이 하나 되는 한반도	195
18장 예수 그리스도의 제자 양육	206
19장 지역에 뿌리를 내린 교회	215
20장 가정 신앙 교육	225
21장 예배 회복	236

나가는 말_코로나19 바이러스 이후 한국 교회의 선교적 실천 과제	247
미주	258

들어가는 말

한국 교회, 희망 담기

한국 교회, 아직 희망이 있습니다. 그렇지만 한국 교회가 한국 사회의 지성인들로부터 외면당하고 있습니다. 김형석 연세대학교 철학과 명예 교수가 근래에 '기독교, (아직) 희망이 있는가'(두란노, 2020)라는 책을 냈습니다. 그가 책에서 걱정하는 것은, 한마디로 한국 교회가 한국 사회의 상식적인 지성인들로부터 외면당하고 있다는 것입니다. 그의 말을 몇 마디 인용해보겠습니다.

> "앞으로 100년 동안 지금과 같은 현상이 계속된다면 기독교 정신을 발휘하지 못하는 신도의 수가 늘어나 기독교인의 사회적 위상이 하위권으로 추락할지 모른다." [01]

"기독교와 크리스천에 대한 평가는 교회 안에서 우리끼리 내리는 것이 아니다. 사회가 평가해주어야 한다. 다른 종교인이 그리스도인을 높이 평가하며, 사회의 일꾼과 지성인이 크리스천과 교회에 대해 고맙게 여길 수 있는 기독교가 되어야 한다." [02]

"전에는 예수 믿는 사람들을 본받아야 한다는 말을 자주 들었는데 지금은 양심적이고 지적 판단이 앞서는 사회인들이 더 늘어나고 있다. 기대와 존경의 대상이 바뀌고 있는 것이다. 누구에게든 물어보라. 종교인, 즉 크리스천이 더 많아지길 원하는가, 아니면 양심적인 지성인이 더 늘어가길 원하는가? 많은 사람이 후자라고 대답하고 있다." [03]

"지금까지 기독교인은 교회라는 좁은 울타리 안에서 자화자찬하면서 살아온 것을 부인할 수 없다. 그러는 동안 전체 사회에서 멀어지고 교회라는 연못 속에서 스스로 만족하는 폐쇄성을 극복하지 못했다." [04]

"교회 자체가 목적이 아니라 교회를 통해 하나님의 나라가 건설 될 때 교회는 그 소임을 다하는 것이다." [05]

"기독교의 사명은 기독교의 세상화가 아니다. 세상적이고 세속적인 것을 그리스도화 하는 일이다." [06]

김형석 교수의 책을 읽으면서 한국 교회를 섬기는 목회자의 한 사람으로서 가슴을 후벼 파는 아픔과 부끄러움을 느꼈습니다. 필자는 새벽 기도회를 마치고, '코로나19 바이러스 이후 한국 교회는 어디로 갈 것인가?'라는 질문을 수 없이 되뇌이며 이 글을 썼습니다.

한국 교회가 희망 담기를 하려면 어떻게 해야 할까요? 이 책에서 다루고자 하는 질문입니다. 필자의 관심은 다음과 같은 것이 아닙니다.

'코로나19 바이러스 이후 한국 교회가 대면 예배를 온전히 회복할 수 있을 것인가 아니면 비대면 예배를 병행해야 할 것인가?'

'코로나19 바이러스 이후 한국 교회의 헌금 수입이 줄어들 것인가 아니면 헌금 수입이 회복될 것인가?'

'코로나19 바이러스 이후 그동안 비대면 예배에 익숙해진 교우들이 몇 퍼센트나 예배당에 나올 것인가?'

오히려 필자의 관심은 '어떻게 한국 교회가 이 땅에서 교회다움을 회복할 수 있는가?'라는 근본적인 질문입니다.

이 책은 4부로 구성되어 있습니다.

1부에서는 코로나19 바이러스로 드러난 한국 교회의 민낯을 살펴봅니다. 드러난 한국 교회의 민낯은 한국 교회가 기독교 영성, 공동체성, 공교회성, 공공성을 상실했다는 현실입니다.

2부에서는 한국 교회가 기독교 영성, 공동체성, 공교회성, 공공성을 회복하기 위하여 교회의 틀을 혁신적으로 바꾸는 문제를 다뤘습니다.

즉 한국 교회가 전통적 교회에서 '선교적 교회'로 탈바꿈해야 이 위기를 극복할 수 있다는 것입니다. 따라서 선교적 교회란 무엇인지, 선교적 교회가 되려면 어떤 요소가 필요한 지를 다룹니다.

3부에서는 선교적 교회의 신학적 기초를 존 웨슬리의 성화론에서 찾습니다. 그동안 한국 교회는 존 웨슬리의 신학을 제대로 이해하지 못하고 '성령의 체험'(1738년 5월 24일 성령 체험)만을 강조해왔습니다. 존 웨슬리가 가르치고자 했던 '내주하시는 성령의 도움으로 가꿔지는 성화' 곧 작은 예수가 되는 일에 무관심해왔습니다. 그래서 웨슬리의 성화론의 주제인 의인, 성화, 그리스도인의 완전, 성화 수련과 소그룹, 사회적 성화, 경제적 성화, 우주적 성화(생태 환경)를 다룹니다.

4부에서는 코로나19 바이러스 이후 한국 교회의 과제를 구체적으로 살펴봅니다. 공공성, 공동체성, 생태 환경 보존, 남북통일, 그리스도의 제자 양육, 지역 사회 봉사, 가정 신앙 교육, 예배 회복 등 한국 교회 회복을 위하여 시급하고도 절실한 목회적 과제들을 다룹니다.

그리스도인의 성화를 강조한 '존 웨슬리의 성화론'으로 주춧돌을 든든히 놓고, 그 위에 한국 교회가 당면한 구체적인 과제들을 기둥과 서까래로 착실히 잇고 쌓아 올리다보면 한국 교회는 민족을 보듬고 감싸는 튼실한 집이 될 것입니다. 이렇게 될 때 한국 교회는 썩은 강물에 흘려 보내는 한줄기 샘물이 될 것이고, 칠흑처럼 어두운 바다에 깜박거리는 작은 등대의 불빛이 될 수 있을 것입니다. 이 한 줄기 샘물, 이 작은 불빛이 모이고 또 모이면 그것들이 이 사회와 민족을 회생시키는 큰 역사를 이룰 것입니다.

필자는 오직 '내 사랑' 한국 교회를 바라보면서 느낀 고통과 비전을 적었을 뿐입니다.

이 글은 전문적인 신학 이론이 아니라 한국 교회를 사랑하는 한 목회자의 담담한 고백일 뿐입니다. 그러나 인용한 글일 경우 주(註)를 달아 근거를 밝혔습니다. 이 책을 위하여 문제를 제기하고, 토론한 수표교교회의 동역자들에게 감사드립니다. 또한 'M 미션' 회원들이 '고성 세미나'에서 밤늦게까지 원고를 독회하고, 평가해주셔서 감사드립니다. 탈고하는데 많은 도움이 되었습니다. 그리고 책이 나올 때마다 매의 눈으로 교정해주시고 역작으로 빚어주신 '킹덤북스(Kingdom Books)' 대표 윤상문 목사님께 감사를 드립니다. 마지막으로 그림자처럼 평생을 동행하여 뒤돌아보면 늘 그 자리에 있는, 책이 나올 때마다 가장 무섭게 비판하는 아내 어희숙에게도 고마운 마음을 전합니다.

2022년 6월 1일
수표교교회에서 김진홍 목사 드림

1부

코로나19 바이러스 사태로 드러난 한국 교회의 민낯

코로나19 바이러스가 한국 교회의 민낯을 고스란히 드러내고 말았습니다. 2년이 넘도록 우리의 일상을 꽁꽁 묶어놓은 코로나19 바이러스는 '초연결 비대면 사회'를 갑작스런 현실로 만들어놓았습니다. 지금 한국 교회는 엄청난 혼돈과 방황을 경험하고 있습니다. 교회, '에클레시아'는 기본적으로 '불러 모으는 공동체'인데 '모이지 말라'는 사회적인 요구 앞에 한국 교회는 당황하고 있습니다. 변화된 상황을 거부하고, 과거의 교회를 그리워하며 그냥 주저앉을 것인가? 변화된 상황을 받아들이고, 그 변화에 맞는 혁신적인 미래의 교회를 꿈꿀 것인가?

한국 교회가 세상과 엇박자를 내어 비상식적인 집단으로 전락한 이유가 수도 없이 많겠지만 가장 중요한 이유는 한국 교회가 기독교 영성, 공동체성, 공교회성, 그리고 공공성을 상실했기 때문이라고 생각합니다. 코로나19 바이러스 사태가 그런 한국 교회의 민낯을 고스란히 드러내고 말았습니다. 이제 한국 교회는 정신을 차려야 합니다. 기독교 영성, 공동체성, 공교회성, 공공성을 회복하지 않으면 한국 교회는 망합니다. 이 이야기는 다른 사람의 이야기가 아니라 이 시대의 목회자인 필자의 이야기이고, 우리 교회의 이야기입니다.

01

기독교 영성 상실

코로나19 바이러스 사태는 한국 교회에 기독교 영성의 샘이 고갈되었다는 민낯을 드러냈습니다. 기독교 영성에 대한 이해는 다양합니다. 필자는 기독교 영성을 '하나님 앞에 머무름'이라고 정의합니다. 한국 교회가 하나님 앞에 머무름을 잃어가고 있습니다. 한국 교회의 자랑인 새벽 기도, 산 기도가 시들해졌습니다. 급기야 한국 교회는 뭔가 부산하게 움직이지 않으면 스스로 불안해지는 강박증에 시달리고 있습니다. 그 강박증을 해소하려는 듯 한국 교계 신문에는 갖가지 세미나 안내 광고로 채워집니다. 목회자는 기도하고 말씀을 묵상하는 사람이라기보다는 뭔가 새로운 아이템을 개발하고, 추진하는 사업가 이미지를 갖게 되었습니다. 어쩌면 필자의 민낯일지도 모릅니다. 기독교 영성을 잃어간다는 것은 코로나보다 더 무서운 한국 교회의 현실입니다.

하나님 앞에 머무른 그 시간이 행복했던 적이 있습니다. 고등학교 시절 새벽 기도회에 나가 지하 기도실에서 무릎을 꿇고 기도하던 시간이 많았습니다. 그때가 행복했습니다. 마치 내 마음을 읽은 듯, 장동민은 신문에 다음과 같은 글을 기고했습니다.(국민일보, 2021) 글의 내용을 간추려봅니다.

"내가 청소년 시절 다니던 교회는 서울 강북의 문화촌이라는 곳에 있었다…… 그 교회에 지하 예배실이 있었다. 한 20-30평 남짓 되는 습기가 항상 차 있는 축축한 곳이었다. 오후 8시가 넘으면 사람들이 그리로 모여든다. 퇴근길 젊은이들이 교회에 들르는 것이다. 온종일 일하고 마워 버스에 시달리고 저녁밥도 못 먹었다. 장의자가 있었지만 의자에 앉는 사람은 없다. 저마다 바닥에 무릎을 꿇고 벽을 마주 보고 앉았다. 손을 들고 한 시간씩 기도하고서야 기도실을 떠났다. 눈물을 흘리면서 부르짖어 간구하는 젊은이가 적지 않았다. 이 젊은이들은 무엇을 위해 기도했을까. 가난하고 못 배운 사람이니 기복적인 기도를 드렸을 것이라고 지레 짐작하지 말자. 오늘날 성도는 세련되고 성숙한 교인이니 손들고 울부짖는 기도는 어울리지 않는다는 오만한 생각도 버리자. 이들 기도의 중심은 영적 갈망이었고, 가난과 고통은 그 영적 갈망을 촉발하고 선명하게 하는 조건이었을 뿐이다.

오늘 우리 조국 교회가 무기력한 교회가 된 이유로 수십 가지를 들 수 있겠지만, 그 모든 이유 중 가장 핵심적인 것은 성도가 영적 갈망을 잃어버린 것이다. 영적 갈망을 채우기 위해 교회에 오는 성도가 많지 않다. 오래된 습관이나 가족의 전통, 소속감과 사회적 교류 및 눈도장, 결혼 대상자 찾기와 봉사 활동의 재미 때문이거나 직분에 대한 책임감과 벌 받을 것 같은 두려움 등이 교회를 찾는 이유다…… 실례가 되는 말인지 몰라도 목회자 자신이 영적 갈망을 별반 가지고 있지 않은 것 같다."

속내를 들킨 것 같아 부끄러우면서도 시원합니다.

선교지에서 만난 성 안토니오(St. Anthony, 251-356)

필자는 1989년부터 2003년까지 선교사로서 이집트에서 사역을 했습니다. 이슬람 땅이었지만 그곳에서 하나님의 은혜를 많이 받았습니다. 그중의 하나는 사막의 콥틱 수도사들을 만날 수 있었다는 것입니다. 수도사들이란 영혼의 갈급함으로 세속을 떠나 깊은 광야에 들어가 고독 가운데 홀로 하나님을 만나는 사람들입니다.

박해의 시대가 끝나고, 4세기에 콘스탄틴 대제(Constantinus 1)가 기독교를 공인하자 기독교는 새로운 국면을 맞이하게 되었습니다. 많은 사람들은 기독교 공인을 하나님의 축복으로 여기고 기뻐했습니다. 그러나 이런 변화는 기독교의 세속화를 촉진하는 계기가 되었습니다. 십자가의 제자도는 사라지고, 세상의 권력과 물질적인 풍요가 눈앞에 어른거리기 시작했습니다. 따라서 영적으로 민감한 성도들은 이런 변화를 신앙적인 위기로 받아들였습니다. 신앙적인 위기감을 느껴 세상이 주는 달콤함을 뒤로 하고, 광야와 사막을 찾아들어간 사람들이 있었습니다. 그중의 한 사람이 바로 성 안토니오였습니다.

성 안토니오 수도원은 카이로에서 250 킬로미터 떨어진 동부 사하라 사막 한 가운데 있습니다. 이집트에서 사역을 하면서 쉼이 필요할 때마다 자주 찾았던 곳입니다. 찾을 때마다 수도사들의 환대로 따뜻한 하룻밤을 지내곤 했습니다. 이것을 '환대의 영성'이라고 합니다. 사막의 교부들은 나그네 환대를 그리스도를 섬기는 것으로 여겼습니다. 따라서 그들의 환대는 언제나 정성스러웠습니다. 가을 하늘처럼 맑은 수도사들의 눈망울을 통하여 영혼의 징결함이란 무엇인지 그 의미를 알 것 같았습니다. 카이로에서 차로 3시간 정도 홍해 변 도로를 따라 달리다보면 자파라나(Zafarana)라는 도시에 다다릅니다. 그 도시를 끼고 우회전하여 사막 길로 30여 분 달리면, 아라바(Arabah) 계곡에 자리 잡은 성 안토니오 수도원을 만나게 됩니다. 수도원에는 지금도 매일 100 큐빅 미터의 물을 쏟아내는 샘이 있습니다. 이 샘이 안토니오 수도원의 생명줄입니다. 인상적인 것은 성 안토니오 동굴입니다. 이 동굴은 수도원에서 도보로 한 시간 정도의 거리에 떨어져 있는 엘 카라라(El-Kalalah) 산맥 중턱에 있습니다. 이곳에서 성 안토니오는 AD 312년에서 AD 356년까지 기거하며 수도 생활을 했습니다. 동굴 앞에서 내려다보는 동부 사하라 사막은 척박하기보다는 오히려 어머니의 품처럼 안온했습니다. 석양 무렵 온 대지에 어스름이 밀려올 때 느껴지는 아늑함과 평온함을 여태껏 잊을 수가 없습니다.

예수 그리스도를 인격적으로 만난 청년 안토니오는 주님의 말씀에 따라(마태복음 19장 21절) 상속 받은 재산을 다 팔아 가난한 사람에게 나눠주고, 구도의 여정을 시작했습니다. 아타나시우스(St. Athanasius, 295-373) 주교가 쓴 『안토니오의 생애』라는 책이 있습니다. 이 책은 사막 수도사 안토니오의 삶을 서방 기독교 세계에 처음으로 알린 책입니다. 그 책에 보면 수도사들에게 행했던 성 안토니오의 긴 설교가 기록되어 있습니다. 영성 연구가 이후정은 안토니오의 설교를 다음과 같이 요약했습니다. [07]

> "그의 설교의 핵심은 매일 새로운 삶을 시작하듯이 주님의 삶을 본받아 거룩한 삶을 살라는 것입니다. 항상 깨어서 기도하여 나태하지 말며, 날마다 죽기를 예상하는 사람처럼 세상의 덧없는 것에 대한 집착을 끊고, 심판과 종말을 기다리는 자세로 살라는 것입니다."

수도 생활의 창시자 성 안토니오의 수도 금욕 생활이 우리에게 주는 도전이 있습니다. 기독교의 영성은 예수 그리스도를 닮은 거룩한 인격을 통해 완성된다는 것입니다. 그러나 그런 인격적 완성 또는 성화는 단시일에 성취되는 것이 아니고, 오랜 영적인 투쟁을 통해 연단되고, 성숙된다는 것입니다. 기독교가 세상에 영향을 미치는 것은 세상적인 부귀와 권력을 얻음으로써가 아니라 그리스도의 좁은 길, 고난과 십자가의 도를 따라감으로써 입니다. 복음적인 삶이란 그와 같은 부정과 포기의 삶입니다.

감리교 목회자로서 평생을 함께 한 존 웨슬리(John Wesley, 1703-1791)

필자는 존 웨슬리를 읽고, 존 웨슬리를 묵상하고, 존 웨슬리를 설교했습니다. 존 웨슬리의 영성 형성에 영향을 미쳤던 영성가들은 토마스 아 켐피스(Thomas a Kempis, 1380-1471), 영국의 제레미 테일러(Jeremy Taylor, 1613-1667) 주교, 윌리엄 로(William Law, 1686-1761)였습니다. 토마스 아 켐피스는 의도의 순수성에 대해, 테일러와 로는 영성의 길과 그 목표인 완전에 관하여 존 웨슬리에게 가르침을 주었습니다. 뿐만 아니라 그 유명한 1738년 5월 24일 저녁, 런던의 한 거리인 올더스게이트에서 체험한 웨슬리의 회심은 그의 영성 형성에 지대한 영향을 미쳤습니다. 올더스게이트의 복음적 회심 체험 이후 존 웨슬리는 믿음으로 말미암아 얻는 의와 구원을 힘 있게 설교하였지만 그때까지 추구해온 성화의 영성을 버린 것이 아니었습니다. 오히려 그는 청년 시절부터 목표해온 성화의 영성을 종교개혁적인 칭의의 영성과 연결시켜 종합하였습니다.

존 웨슬리가 일으킨 부흥 운동에는 몇 가지 독특한 특징이 있습니다.

첫째, 웨슬리의 부흥 운동은 믿음으로 말미암은 칭의를 기초로 하면서 사랑으로 역사하는 성화로 나아가야 한다는 것이었습니다. 웨슬리는 그 목표를 완전한 사랑을 뜻하는 '그리스도인의 완전'이라고 보았습니다.

둘째, 웨슬리의 부흥 운동에서 소그룹 영성 훈련이 큰 효과를 거두었습니다. 물론 소그룹 영성 훈련은 모라비안 교도들로부터 배운 것이지만 이것을 통하여 성화와 완전을 목표로 하는 매일의 경건이 육성되고 심화되었습니다. 속회(Class meeting)와 반회(Band)와 같은 단위의 소그룹을 통하여 형제자매들이 그리스도 안에서 교제를 나누면서 서로의 영성 생활을 책임 있게 돌봐주었습니다.

셋째, 존 웨슬리의 동생 찰스 웨슬리(Charles Wesley)가 찬송가를 통하여 부흥 운동에 미친 영향은 결코 작은 것이 아니었습니다. 만일 찰스 웨슬리의 찬송이 없었다면 과연 감리교회 부흥 운동이 가능했겠느냐고 질문하는 사람들이 많습니다.

성자적인 영성과 혁명가적 영성

기독교 영성에는 성자적인 영성과 혁명가적 영성이 있습니다. 이도영은 성자적인 영성과 혁명가적 영성을 다음과 같이 설명했습니다. [08]

"하나는 성자적 영성이고 다른 하나는 혁명가적 영성이다. 성자야말로 자신의 죄성을 깊이 사유하는 자이고, 혁명가야말로 세상의 불의를 깊이 사유하는 자이다…… 성자적 영성의 핵심은 사랑과 신비이며, 혁명가적 영성은 정의와 불가능에의 열정이다."

사랑과 혁명은 함께 가야 합니다. 진정한 사랑의 급진성은 혁명의 급진성에서 발견되고, 혁명의 급진성은 진정한 사랑에서 발견됩니다. 예수님의 제자들은 사랑이 없는 혁명을 꿈꿨습니다. 그들은 로마 제국의 압제에서 해방시킬 강력한 힘을 가진 메시아를 원했습니다. 그런 제자들에게 예수님은 말씀하셨습니다. "사랑이 없는 혁명은 의미가 없다. 사랑이 없이는 진정으로 혁명을 이룰 수가 없다. 사랑이 혁명이다. 십자가 혁명이다. 자기 부정이 혁명이다. 그런 혁명만이 새로운 세상을 만들 수 있다." 예수님은 십자가의 사랑을 통하여 새로운 혁명을 일으키셨고, 하나님의 나라를 세우셨습니다. 그러나 요즈음 그리스도인들은 혁명 없는 사랑만을 꿈꾸거나 사랑 없는 혁명만을 추구합니다. 한편에서는 오직 자신에게 위로를 주고, 자신의 욕망을 채워줄 메시아를 기대합니다. 그들은 새로운 세상을 꿈꾸거나 대의를 위해 자신을 던지지도 않습니다. 다른 한편에서는 사랑이 없는 사회적 변혁을 이루려는 정치 이념에 함몰되고 있습니다. '기독교'라는 이름은 있지만 어디에서도 '예수 사랑'의 향기를 맡을 수 없습니다. 진정한 기독교의 영성을 회복하는 길은 성자적인 영성과 혁명가적인 영성을 통합하는 데에 있습니다.

기독교 영성이 무너진 한국 교회

한국 교회에 기독교 영성이 무너진 요인들이 있습니다.

첫째, 한국 교회를 덮고 있는 물량주의입니다. 특별히 기도하지 않아도 돈만 쏟아 부으면 사람들이 모인다는 사고방식입니다. 청년 집회를 예로 들어봅니다. 기도하지 않아도 좋은 악기와 연주자, 화려한 무대 조명, 탁월한 찬양 리더만 준비되면 청년들은 모이더라는 것입니다. 그래서 예배당이 '기도하는 집'이 아니라 엔터테인먼트 하는 '극장'으로 변했습니다.

둘째, 백화점식 교회 프로그램입니다. 백화점이 소비자의 다양한 욕구와 필요를 충족시키듯이 교회는 소비자인 교인들의 다양한 욕구와 필요를 충족시키기 위하여 백화점식으로 프로그램을 준비했습니다. 부부 학교, 부모 학교, 결혼예비 학교, 노인 대학, 전도 학교, 법률 상담, 의료 상담…… 더 이상 무릎을 꿇고 기도할 이유를 찾지 못할 정도로 소비자인 교인들의 다양한 필요를 충족시켜줍니다.

셋째, 본질보다 방법론에 치우친 목회를 해왔습니다. 한국 교회가 세미나 목회에 기울어졌습니다. 그래서 교우들이 담임 목사에게 이렇게 부탁한다는 비아냥거림이 있습니다. "목사님, 제발 세미나 좀 그만 다니십시오. 목사님이 세미나만 다녀오면 목회 방향이 달라지니까 우리가 정신이 없어요." 본질을 붙잡기보다는 방법론에 치우친 목회를 했습니다. 이렇게 하여 한국 교회는 영성이 얕은 천박한 기독교가 되고 말았습니다.

첫 설렘

부활하신 예수님이 마리아를 비롯한 여인들에게 이런 말씀을 하셨습니다.

"이에 예수께서 이르시되 무서워하지 말라 가서 내 형제들에게 갈릴리로 가라 거기서 나를 보리라 하시니라."(마태복음 28장 10절)

왜 부활하신 예수님은 제자들을 갈릴리에서 만나자고 하셨을까요? 많은 해석이 있을 수 있겠지만 갈릴리는 예수님과의 첫 만남이 있었던 곳이기 때문입니다. 갈릴리는 예수님의 첫 부름이 있었던 곳입니다. 갈릴리는 제자들의 첫 설렘이 있었던 곳입니다. 예수님은 제자들의 첫 사랑, 첫 설렘, 첫 부름이 회복되기를 원하셨던 것입니다.

첫 설렘이 있는 '나의 갈릴리'는 어디일까를 생각해봤습니다. 고등학생 시절, 어느 수요일 밤 예배 때 담임 목사님이 "김군, 특별 찬송하시오."라고 했을 때 주저함 없이 불렀던 '찬송가 323장-부름 받아 나선 이 몸'이 '나의 갈릴리'가 아닐까 생각합니다.

"부름 받아 나선 이 몸 어디든지 가오리다.
괴로우나 즐거우나 주만 따라 가오리니
어느 누가 막으리까 죽음인들 막으리까.

어느 누가 막으리까 죽음인들 막으리까.
아골 골짝 빈들에도 복음 들고 가오리다.
소돔 같은 거리에도 사랑 안고 찾아가서
종의 몸에 지닌 것도 아낌없이 드리리다.
종의 몸에 지닌 것도 아낌없이 드리리다.
존귀 영광 모든 권세 주님 홀로 받으소서.
멸시천대 십자가는 제가 지고 가오리다.
이름 없이 빛도 없이 감사하며 섬기리다.
이름 없이 빛도 없이 감사하며 섬기리라."

역시 고등학생 시절 어느 주일 오후, 전도를 끝낸 후 서쪽 하늘을 붉게 물들인 석양을 바라보면서 고백했던 "저 멀리 뵈는 나의 시온 성, 오 거룩한 곳 아버지 집"이 '나의 갈릴리'가 아닐까 생각합니다.

"저 멀리 뵈는 나의 시온 성, 오 거룩한 곳 아버지 집,
내 사모하는 집에 가고자 한 밤을 새웠네.
저 망망한 바다 위에 이 몸이 상할지라도
오늘은 이곳 내일은 저곳 주 복음 전하리.
아득한 나의 갈 길 다 가고 저 동산에서 편히 쉴 때,
내 고생하는 모든 일들을 주께서 아시리.
빈들이나 사막에서 이 몸이 곤할지라도.
오, 내 주 예수 날 사랑하사 늘 지켜주시리."

그리고 전도사 시절, '이 마을은 주님이 나에게 부탁하신 교구이기에 한 해가 지나기 전에 반드시 주민들에게 복음을 전해야 한다.'는 각오로 세밑 겨울 찬바람을 맞아가면서 가가호호를 방문하여 복음을 전했던 그 자리가 '나의 갈릴리'가 아닐까 생각합니다.

'그런 첫 설렘이 지금 나에게 있는가?'라는 질문이 마음을 찌릅니다.

문제의 답은 기독교 영성 회복에 있습니다. 포스트 코로나 시대, 변화된 환경에서 어떻게 목회해야 하느냐고 묻는 목회자가 적지 않습니다. 교회를 새롭게 디자인하는 일은 언제나 영성 회복에서 시작됩니다. 엉뚱한 곳을 기웃거리지 말고 문제의 핵심으로 들어가야 합니다. 목회자가 먼저 자신에 대해 절망합시다. 골방에, 교회 마룻바닥에, 산속 기도원에 홀로 앉아 하나님 앞에서 슬퍼하고, 아파하고, 항의합시다. 문제의 답은 기독교 영성 회복에 있습니다.

02

공동체성 상실

코로나19 바이러스 사태로 드러난 한국 교회의 민낯 중 하나는 한국 교회가 공동체성을 상실했다는 것입니다. '공동체성'이란 단어의 사전적인 의미는 '운명이나 생활, 목적 따위를 같이 하려고 하는 집단이 갖는 성질'입니다. 그런 점에서 공동체성은 교회의 특징이 되어야 합니다. 이도영은 교회가 공동체성을 가져야 하는 이유를 하나님의 존재 양식에서 찾습니다. 공동체적으로 존재하시는 하나님에 대한 그의 설명을 들어봅니다. "하나님은 삼위일체 하나님으로 계시며 '페리코레시스', 즉 상호 내주하시고 상호 침투하는 관계, 서로를 초대하고 거처를 제공하며 자신을 나누는 공동체로, 무아적인 사랑의 힘으로 서로 안에서 자기 자신에게로 이르게 되는 사귐의 관계로 존재하신다." [09] 하나님의 존재 양식으로 존재하는 교회는 당연히 공동체성을 가져야 합니다.

교회에 공동체성을 실제로 만들어가는 것은 성령의 '코이노니아(koinonia)'입니다. 김현진은 성령의 코이노니아에는 세 가지 차원이 있다고 설명합니다. [10]

"먼저 수직적인 코이노니아이다. 수직적인 코이노니아는 성령께서 성도들로 하여금 그리스도와 하나님과 교제하게 하는 것을 말한다. 다음으로는 수평적인 코이노니아이다. 수평적인 코이노니아는 그리스도인들이 서로 하나가 될 수 있도록 상호 간에 교제를 가능하게 해주는 것을 말한다. 수평적인 코이노니아에는 또 다시 세 가지 차원이 있다. 첫째는 성도들 간에 하나님의 말씀을 전하고 서로 교제하고 중보 기도함으로써 영적인 교제를 나누는 영적 코이노니아이다. 둘째는 공동체의 지체가 어려움에 처해 있을 때 서로 위로하고 격려하며 긍휼히 여기는 정신적인 코이노니아로 고통과 기쁨을 함께 나누는 차원의 교제를 말한다. 셋째는 경제적으로 어려움에 처했을 때 실제적으로 필요한 물질을 채워줌으로써 한 몸의 삶을 실천하는 물질적인 코이노니아이다. 이것이 사도행전 2장과 4장에 잘 나타나 있다. 마지막으로 대사회적인 코이노니아가 있다. 이것은 코이노니아가 교회 내에서만 머무는 것이 아니라 지역 사회에서 고통당하는 이웃들에게까지 범위가 확산되는 것을 의미한다. 이러한 세 가지 차원의 코이노니아를 회복하는 교회가 되어야 한다."

교환의 공동체에서 선물의 공동체로

진정한 공동체성은 '교환 관계'가 아니라 '선물 관계'로 만들어집니다. 공동체라는 뜻을 가진 'community'라는 말은 라틴어 'cum'과 'munis'가 합쳐진 말로 '서로에게 의무를 다한다', '서로를 환대한다', '서로에게 선물이 되다'는 의미입니다. 즉 공동체는 선물을 함께 나누는 관계라는 뜻입니다. 교환이 아니라 선물로 하나가 된 관계, 이것이 공동체의 중요한 특징입니다. 이도영은 공동체성을 회복, 강화하기 위하여 교회가 '교환의 공동체에서 선물의 공동체로' 변화할 것을 제안합니다.[11] 그의 설명을 더 들어보겠습니다. 원시 사회는 교환이 아니라 선물에 의하여 지탱되는 사회였다는 것입니다. 교환을 지배하는 개념은 '이 물건이 얼마의 값어치를 가졌느냐'는 물건의 값어치이고, 그 교환을 통하여 얻는 것은 '이익'입니다. 반면 선물을 지배하는 개념은 '사랑'이고, 그것을 통하여 얻는 것은 '명예'입니다. 진정한 공동체성은 '교환 관계'가 아니라 '선물 관계'로 만들어집니다. 선물은 받는 사람에게 감동을 선사하고, 사랑의 순환을 일으킵니다. 사랑을 받은 사람은 반드시 사랑을 주게 되어있습니다. 그래서 선물의 공동체에는 생명의 순환이 일어납니다. 사도행전의 초대 교회가 그 예입니다. 사도행전의 초대 교회는 선물을 나누기 위하여 자신의 재산을 헌납했습니다. 자신의 재산과 소유를 팔아 각 사람의 필요에 따라 나눠준 것입니다. 어떻게 이런 일이 가능했을까요? 그것은 그들에게 선물을 받아본 경험이 있었기 때문입니다. 그들은 어떤 선물을 받았습니까? 그들은 하나님의 선물인 예수 그리스도를 받았습니다. 값으로 따질 수 없는 가장 귀한 선물을 받았던 것입니다. 하나님은 우리에게도 예수 그리스도를 선물로 주셨습니다. 예수 그리스도를 통해 우리는 구원을 선물로 받았고, 하나님 나라 공동체의 일원이 되었습니다. 따라서 교회는 구원이라는 선물을 받은 사람들이 또 다른 선물을 사람들에게 순환시키는 생명 공동체입니다.

선물을 나누는 생명 공동체로 변화되었을 때 교회에 사랑의 공기가 충만함을 느꼈습니다. 필자의 교회는 '성육원'이라는 사회 복지 법인을 운영하고 있습니다. 성육원 산하에는 '성육보육원'과 '반지마을 요양원'이 있습니다. 성육보육원에 기거하는 원생들은 고등학교를 졸업하면 법적으로 퇴소해야 합니다. 퇴소생 중에 A라는 청년이 결핵성 뇌적수막염과 뇌경색으로 뇌수술을 받고, 수술 이후 재활 치료를 받아야 한다는 소식을 들었습니다. 보호자는 친 누나만 있었습니다. 교회의 총 남선교회와 총 여선교회의 주관으로 '담을 넘는 사랑, 함께 해요!'라는 후원 캠페인을 벌였습니다. 십시일반 교우들이 후원한 금액이 4,030만 원 정도 되었습니다. 적지 않은 모금액을 보면서 가슴에 따뜻함이 밀려왔습니다. 교회에 사랑의 공기가 가득했습니다. 교회의 공동체성을 확인할 수 있어서 기뻤습니다. 아래 편지는 A군의 누나가 보낸 편지입니다.

"수표교교회 성도님들께

안녕하세요. 저는 성육원에서 퇴소한 OOO청년입니다. 성육원에서 퇴소하여 사회에 나와 하루하루 열심히 살아가던 중 너무도 갑작스럽게 동생이 쓰러져 병원에 실려 가게 되었다는 소식을 듣게 되었습니다…… 너무도 막막한 문제를 안고 보니 하나님의 도움이 없이는 저 홀로 도저히 감당할 수 없다는 걸 느끼고 매일 눈물만 흘리게 되었습니다. 동생이 회복되어 다시 일상생활을 할 수 있을 것이라는 기대가 점점 허물어졌습니다. 희망보다는 절망으로 다가오는 문제 앞에서 어떤 선택을 해야 하는지 모르는 불안한 마음이 저를 괴롭게 했어요. 그렇게 제 마음이 주저앉고 있을 때, 수표교교회에서 목사님과 많은 성도님들께서 저희 남매 소식을 들으시고, 함께 기도해주시며 후원금을 모은다는 소식을 듣게 되었습니다. 그 소식을 통해 하나님께서 저를 위로해주고 계시다는 걸 깨달을 수 있었어요.

수표표교회 성도님들, 저와 동생에게 손을 내밀어주셔서 정말 감사드려요. 아무리 삶이 어려워도 포기하지 않고, 더욱 힘을 내야겠다는 마음이 간절해졌습니다. 그리고 동생이 병상에 누워있는 동안에라도 이렇게 저희를 위해 기도해주시고 계시는 분들이 얼마나 많은지 알고, 저희를 아껴주시는 분들의 사랑을 느낄 수 있으면 좋겠어요.

하나님께서 저를 포기하지 않고 계시다는 걸 깨닫고, 하나님만 바라보며 앞으로 일어날 모든 일들을 믿음으로 헤쳐 나갈 겁니다.

외로움 속에서 아무도 모르게 흘리던 저의 눈물을 하나님께서 닦아주고 계시다는 걸 느낄 수 있도록 저의 손을 잡아주신 수표교교회 성도님들께 진심으로 감사드립니다. 제가 성도님들께 받은 사랑과 위로를 결코 잊지 않을게요. 그리고 수표교교회 성도님들의 사랑 덕분에 언젠간, 저 또한 아픔을 가진 또 다른 누군가를 위해 기도하며 도와줄 수 있는 사람으로 살아가야겠다는 다짐을 할 수 있게 되었습니다. 정말 진심으로 감사드려요…… 그럼 이만 인사드릴게요. 안녕히 계세요.
2021년 9월 28일 화요일 성육원 퇴소 청년 000 올림."

성경은 고아, 과부, 나그네를 돌보아야 할 것을 유난히 강조합니다. 고아, 과부, 나그네를 돌보라는 성경의 명령은 그들이 삶의 근거를 상실한 상징적인 존재이기 때문일 것입니다. 사람이 이 세상에서 살아가려면 의지할 가족이라든가, 농사를 지을 땅이라든가, 아무튼 살아갈 근거가 있어야 합니다. 그런 삶의 근거가 없는 사람들을 교회 공동체가 잘 살펴서 돌보라는 것입니다.

"고아와 과부를 위하여 정의를 행하시며 나그네를 사랑하여 그에게 떡과 옷을 주시나니."(신명기 10장 18절)
"참 과부인 과부를 존대하라."(디모데전서 5장 3절)
"하나님 아버지 앞에서 정결하고 더러움이 없는 경건은 곧 고아와 과부를 그 환난 중에 돌보고 또 자기를 지켜 세속에 물들지 아니하

는 그것이니라."(야고보서 1장 27절)

민족 공동체에 대한 책임

한국 교회는 민족 공동체의 문제에 관심을 가져야 합니다. 한국 교회는 세상으로 보냄을 받은 '왕 같은 제사장'으로서 민족 공동체 문제에 관심을 가지고, 책임을 다해야 합니다. 그리스도인은 책임을 다하는 삶을 살아냄으로 그리스도를 증언해야 합니다. 세상 사람들은 책임을 다하는 그리스도인을 통하여 그리스도를 만납니다. 그리고 하나님은 바로 그런 방법으로 세상을 다스리십니다. 그리스도인이 책임을 다하지 않을 때, 세상은 기독교와 '신천지' 이단 사이에 별 차이가 없다고 생각하게 됩니다.

민족 공동체가 안고 있는 다양한 문제가 있습니다. 예를 들어, 남북통일 문제, 빈부격차를 해소하는 경제 정의 문제, 후손들이 살아갈 터전을 보존해야 할 생태, 환경 문제 등입니다. 한국 교회는 이런 민족 공동체의 문제에 깊은 관심을 가지고 참여해야 합니다. 이런 문제들을 간과한다면, 한국 교회는 민족사에 별 의미가 없는 집단으로 치부될 수도 있습니다.

빈부격차를 해소하는 경제 정의 문제로, '성경륭'이 한 일간지에 기고한 '경제 정의'에 관한 글을 요약해봅니다. (국민일보, 2021.9.9.)

"외국인이 보기에 한국은 '미러클'의 나라이기도 하고, '미스터리'의 나라이기도 하다. 미러클인 이유는 한국이 한 세대 남짓한 짧은 기간에 초고속 성장과 함께 정치 민주화까지 이뤘기 때문이다. 미스터리인 이유는 한국이 경제적 측면에서는 세계 최상층 선진국에 도달했지만 삶의 질 영역에선 아직도 중진국 수준에 놓여 있기 때문이다.

경제협력개발기구(OECD)가 해마다 발간하는 '더 좋은 삶의 지수(Better Life Index)' 보고서 2020년 판에 따르면, 지난해에 세계 10위의 국내총생산(GDP)을 실현한 한국은 삶의 질 지수에서는 OECD 30위 수준에 머물러 있음을 보여주고 있다. 보다 세부적으로 보면 지식과 역량, 주거 수준, 기대 수명, 시민 참여, 개인적 안전의 다섯 가지 영역에서는 조사 대상 40개국 중에서 상위권에 위치하고 있다. 그러나 소득과 자산, 일과 삶의 균형, 일과 작업의 질은 중하위권에, 삶의 만족도와 사회적 관계, 환경의 질은 최하위권에 위치하고 있음이 드러난다.

왜 이처럼 초라한 결과가 나타났는가. 가장 중요한 것은 개발연대 초기부터 발전 국가가 채택한 '선성장-후분배'의 정책 기조가 지난 60여 년을 거치면서 빈곤 탈피와 신분 상승을 갈구하는 모든 국민의 묵시적 동의하에 만병통치약과 같은 지배력을 행사했기 때문이리라. 그리하여 성장은 아무도 도전할 수 없는 불멸의 신화가 됐고, 발전 국가 이후 등장한 모든 정부를 구속하는 '경로 의존성'의 강력한 기반이 되고 말았다. 성장 신화를 신줏단지처럼 모신 것은 비단 보수 정부에 국한된 것은 아니었다. 진보 정부도 모든 선거에서 높은 성장을 최고의 공약으로 제시했으며 분배와 복지 정책을 추진할 경우에도 그것이 성장을 훼손하지 않을 것이라는 점을 늘 앞장서서 강조했다. 이로 인해 민주화가 이뤄지고 세 번의 진보 정부가 집권한 뒤에도 선성장-후분배의 신화는 단 한 번도 허물어지지 않았다.

그렇다면 성장 신화에 집착해 분배와 복지를 소홀히 하면 어떤 결과가 초래될 것인가. 선성장-후분배나 자유주의 정책 기조를 따르는 나라들은 공통적으로 작은 정부를 추구하고, 이를 위해 가능하면 세입과 세출의 규모를 줄이려고 한다. 따라서 경제 성장이 진행됨에 따라 소득 분배는 당연히 악화되고 보건·의료·복지·교육·주거·환경 등에 대한 투자는 현저히 낮은 수준에 머무르게 된다. 한국은 이런 나라의 전형이다. 성장과 분배·복지의 균형을 추구하고 때로는 개선된 분배와 복지의 힘으로 성장동력을 끌어낸 북유럽 복지 국가들과 반대의 길을 걸어온 한국은 필연적으로 GDP 세계 10위에 삶의 질 30위라는 모순적 국가가 되고 말았다. 앞으로 이 모순을 바로잡지 않으면 낮은 삶의 질이 삶의 불만과 불안을 가중시키고, 그것이 저출산을 가속화시켜, 최종적으로는 저출산이 저성장을 초래하는 하강의 악순환 고리를 만들어 한국 사회를 몰락의 길로 내몰고 갈 가능성이 크다."

한국 교회는 세상으로 보냄을 받은 '왕 같은 제사장'으로서 민족 공동체가 안고 있는 문제에 책임을 다해야 합니다.

한국 교회가 공동체성을 상실하는데 몇 가지 이유가 있었습니다.

우선, 한국 교회는 기복적인 신앙으로 복음을 '개인화'했습니다. 한국 교회는 교회와 민족 공동체의 문제를 애써 외면하고, '나만 복 받으면 된다.'라는 메시지를 남발하거나 그런 신앙생활을 묵인했습니다. 그래서 한국 교회는 한반도에 하나님의 나라를 세워 '복음적 샬롬'을 이루려는 하나님의 뜻을 무시하고 말았습니다.

또한 한국 교회는 복음을 '탈역사화'했습니다. 여기에는 하나님 나라에 대한 오해가 한몫 했습니다. 하나님의 나라를 시간적으로 죽음 후, 장소적으로 저세상이라는 천당 개념으로 제한했습니다. 성·속을 분리하는 이원론으로 이 세상을 조만간 망해야 할 대상으로 인식했습니다. 하나님의 나라를 기다리는 믿음이란 아무 것도 하지 않고, 그 하나님의 나라를 기다리는 것이 아니라 '지금 여기서' 하나님의 나라를 살아내는 믿음을 말합니다. 기독교는 역사적인 종교입니다.

한국 교회가 교회의 본질을 회복하기 위해서는 반드시 공동체성을 회복해야 합니다. 한국 교회가 세상의 빛과 소금이 되려면 반드시 공동체성을 회복해야 합니다. 이제 한국 교회는 메가 처치를 몇 개나 가졌느냐를 자랑하기보다는 진정한 공동체를 회복하는 일에 진력을 다해야 합니다.

03

공교회성 상실

코로나19 바이러스로 드러난 한국 교회의 민낯 중의 하나는 한국 교회가 공교회성을 상실했다는 것입니다. 공교회성이란 "교회가 다 하나의 교회임을 믿고, 모든 성도들이 예수 그리스도 안에서 한 몸을 이룬 지체라고 인식하는 것"으로 정의할 수 있을 것입니다. 그리스도인은 사도신경에서 "…… 성령을 믿사오며 거룩한 공교회와 성도의 교제와 죄를 용서받는 것과 몸의 부활과 영생을 믿습니다."라고 고백합니다. 원래 기독교는 하나였습니다. 그런 기독교가 1054년 서방 교회와 동방 교회로 분열되었습니다. 이후 16세기에 종교개혁을 통하여 구교와 개신교로 나뉘었으며, 개신교 내에서도 수많은 교단으로 분열을 거듭했습니다. 그리스도의 몸인 교회는 이렇게 갈갈이 찢어졌습니다. 자기 교회 중심에서 벗어나 한국 교회 전체를 바라보는 공교회성에 대한 관심이 한국 교회에 절실히 필요합니다. 그럼에도 불구하고 이런 비아냥거림이 한국 교계에 회자되고 있습니다. "교회가 성장하려면 옆 교회가 싸움질해서 망해야 한다." 한 교회가 싸워 갈라지게 되면, 갈라진 교인들이 다른 교회로 흡수될 것입니다. 그러면 당연히 교인수가 증가하여 그 교회가 성장했다는 소리를 듣게 되겠지요. 한 몸에서 한 지체가 죽으면 다른 지체들도 서서히 따라 죽게 마련입니다. 다리가 썩어 들어가는데 팔이 온전할 리가 있겠습니까? 이것이 유기체의 원리입니다. 그런데 한국 교회는 한 지체가 죽어야 다른 지체가 산다고 생각합니다. 한국 교회는 이런 비성경적이고 불신앙적인 착각에서 깨어나야 합니다. 코로나19 바이러스가 한국 교회의 착각을 일깨우고 있습니다.

하이델베르그 교리문답의 공교회 정의

하이델베르그 교리문답은 공교회성을 보편성(the catholicity of the church), 통일성(the unity of the church), 거룩성(the holiness of the church)으로 정의합니다.

'하이델베르그 교리문답'을 해설한 정요석의 설명을 들어봅니다.[12]

① 교회의 보편성(the catholicity of the church)

천주교를 부를 때 '캐톨릭(catholic)'이라고 부릅니다. 그러나 엄밀한 의미에서 그것은 잘못된 표현입니다. 정확하게는 '로마 가톨릭'이라고 해야 합니다. 왜냐하면 '캐톨릭(catholic)'이라는 단어는 고유 명사가 아니라 '보편적'이라는 뜻을 가진 보통 명사이기 때문입니다.

개신교는 보편성을 '보이지 않는 교회', 곧 무형 교회에서 찾습니다. 보이지 않는 교회는 공간적인 측면에서 특정한 장소에 제한되지 않기 때문에 보편적이고(요한복음 4장 21-23절), 시간적인 측면에서 과거와 현재와 미래를 두루 포함하기 때문에 보편적이고(사도행전 10장 34-35절), 인간적인 측면에서 특정한 연령이나 계층이나 학벌이나 조건을 요구하지 않기 때문에 보편적입니다(요한일서 1장 1-3절).

② 교회의 통일성(the unity of the church)

바울 사도는 교회의 통일성을 다음과 같이 말씀했습니다.

"몸은 하나인데 많은 지체가 있고 몸의 지체가 많으나 한 몸인 것과 같이 그리스도도 그러하니라. 우리가 유대인이나 헬라인이나 종이나 자유인이나 다 한 성령으로 세례를 받아 한 몸이 되었고 또 다 한 성령을 마시게 하셨느니라. 몸은 한 지체뿐만 아니요 여럿이니 만일 발이 이르되 나는 손이 아니니 몸에 붙지 아니하였다 할지라도 이로써 몸에 붙지 아니한 것이 아니요, 또 귀가 이르되 나는 눈이 아니니 몸에 붙지 아니하였다 할지라도 이로써 몸에 붙지 아니한 것이 아니니 만일 온 몸이 눈이면 듣는 곳은 어디며 온 몸이 듣는 곳이면 냄새 맡는 곳은 어디냐? 그러나 이제 하나님이 그 원하시는 대로 지체를 각각 몸에 두셨으니 만일 다 한 지체뿐이면 몸은 어디냐 이제 지체는 많으나 몸은 하나라."(고린도전서 12장 12-20절)

교회는 무엇보다 통일성이 요구됩니다. 신자들은 모두 하나님의 자녀들로 한 몸이기 때문입니다. 몸이 하나인데 많은 지체가 있고, 몸의 지체가 많으나 한 몸임과 같이 모든 신자는 한 성령으로 말미암아 한 몸을 이룹니다. 초대 교회는 교회의 하나 됨을 위하여 애썼습니다. 그래서 어떤 지역의 교회나 성도들이 경제적으로 어려움에 부딪히면 다른 지역의 교회들이 발 벗고 나서서 도왔습니다. 바울 사도의 격려를 보십시오.

"이제 너희의 넉넉한 것으로 그들의 부족한 것을 보충함은 후에 그들의 넉넉한 것으로 너희의 부족한 것을 보충하여 균등하게 하려 함이라."(고린도후서 8장 14절)

초대 교인들이 그렇게 한 이유는 다른 여러 교회가 모두 하나로 통일되고 연합되어 있다는 사실을 알았기 때문입니다.

개신교는 내적이고 영적인 면에서 교회의 통일성을 고백합니다. 비록 우리 눈에는 보이지 않지만 모든 성도가 예수 그리스도를 머리로 하여 한 몸을 이룸으로써 통일된 사랑을 누립니다. 또한 모든 성도는 성령에 의하여 그리스도를 주로 고백함으로써 통일된 신앙을 갖습니다. 그리고 그리스도의 재림을 기다리며 하나님의 나라를 사모하는 통일된 소망을 갖습니다. 교회의 통일성을 인식하지 못하면 성도들은 자기가 속한 개 교회에만 관심을 기울이기 쉽습니다. 그렇게 하면 복음을 개인화하는 오류를 범하게 됩니다.

③ 교회의 거룩성(the holiness of the church)

교회는 그리스도의 피로 의롭게 된 사람들의 모임입니다. 의로 인정받은 성도들은 성령의 도움으로 매일 성화의 삶을 살아갑니다. 따라서 성도들은 완전하지는 않지만 거룩함의 열매를 맺어갑니다.

> "오직 성령의 열매는 사랑과 희락과 화평과 오래 참음과 자비와 양성과 충성과 온유와 절제니 이같은 것을 금지할 법이 없느니라."(갈라디아 5장 22-23절)

그래서 거룩성은 공교회의 특성입니다.

존 웨슬리의 공교회 정의

존 웨슬리는 그의 설교 '교회에 대하여(Of the church)'에서 교회의 공교회성을 주장했습니다.

존 웨슬리는 1784년에 미국 메도디스트를 위한 목사 안수를 거행한 후, 메도디스트가 국교회(성공회)로부터 분열한다는 의구심이 강하게 일자, 그 다음 해에 자신의 교회론을 '교회에 대하여(Of the church)'라는 설교에서 밝혔습니다.[13] 그의 설교를 분석하면서 '교회의 공교회성'에 대한 이해를 살펴보겠습니다. 그의 설교의 성경 본문은 에베소서 4장 1-6절입니다.

> "…… 몸이 하나요 성령도 한 분이시니 이와 같이 너희가 부르심의 한 소망 안에서 부르심을 받았느니라 주도 한 분이시오 믿음도 하나요 세례도 하나요 하나님도 한 분이시니 곧 만유의 아버지시라 만유 위에 계시고 만유를 통일하시고 만유 가운데 계시도다."

① 교회의 보편성

존 웨슬리는 이 설교에서 '교회의 보편성'을 다음과 같이 설명했습니다.[14]

> "사도가 '교회'라는 단어를 처음 쓴 것은 고린도전서에 나오는 인사, '하나님의 뜻을 따라 그리스도 예수의 사도라 부르심을 받은 바울과 형제 소스데네는 고린도에 있는 하나님의 교회에게'(고린도전서 1장 1-2절)에서 입니다. 바울 사도가 사용한 '교회'라는 표현의 의미는 이어지는 말씀에 의해 확정됩니다. '곧 그리스도 예수

안에서 거룩하여지고 성도라 부르심을 입은 자들과 또 각처에서 우리의 주 곧 그들과 우리의 주 되신 예수 그리스도의 이름을 부르는 모든 자들에게(고린도전서 1장 2절).'입니다. 이 말씀의 의미는 '각처에 있는', '예수 그리스도의 이름을 부르는' 모든 자들이 교회라는 것입니다. 고린도에 보내는 두 번째 편지에서 바울은 그 의미를 좀 더 명확하게 설명했습니다. '⋯⋯ 고린도에 있는 하나님의 교회와 또 온 아가야에 있는 모든 성도에게(고린도후서 1장 1절).' 여기서 바울은 교회란 모든 교회들 또는 전 지역에 있는 그리스도의 회중들을 포함합니다."

존 웨슬리에 있어서 '교회'란 의심의 여지없이 보편적인 교회를 의미합니다. 즉 하늘 아래에 있는 모든 그리스도인들을 의미합니다. 우리는 그것을 공교회의 보편성이라고 말합니다.

② 교회의 일체성

이어서 존 웨슬리는 에베소서 4장 4-6절의 말씀을 해설하면서 '교회의 일체성'을 이렇게 말했습니다.[15]

"'성령도 하나요' 즉 하나님의 교회의 살아 있는 모든 교인에게 생명을 불어 넣어주는 오직 한 분 성령이 계십니다. '소망도 하나요' 즉 이러한 성령을 받은 자들에게는 불멸의 희망인 소망이 있습니다. 그들은 죽는다는 것이 상실되는 것이 아니라는 것을 압니다.

그들의 소망은 무덤을 넘어 연장됩니다. '주님도 한 분이시오.' 즉 그분은 그들 모두를 지배하며 그들의 마음속에 그의 왕국을 세웠으며 이러한 소망을 함께 하는 모든 사람들을 다스리는 분입니다. 그에게 복종하고 그의 계명을 지키는 것이 그들의 영광이며 기쁨입니다. '믿음도 하나요' 즉 믿음은 하나님의 값없는 선물이며 또한 그들의 소망의 근거입니다. 이 믿음은 '하나님이 계시다'는 믿음과 그는 은혜롭고 정의로우셔서 결과적으로 '부지런히 그를 찾는 사람들에게 상 주시는 분'이라는 믿음입니다. '세례도 하나요' 즉 세례는 한 분이신 주께서 기쁨으로 그의 교회에 계속적으로 부어주시는 모든 내적이고 영적인 은총을 나타내는 외적인 표시입니다. '…… 모든 자의 아버지인 하나님도 한 분이시다.' 즉 모든 자는 성령을 그들의 마음에 소유한 자를 말하며, 이 성령은 '그들의 마음속에서 아바 아버지라고 부르며', '그들의 영들과 함께' 그들이 하나님의 자녀라고 계속 '증거 하십니다.' …….”

따라서 존 웨슬리는 교회를 이렇게 정의합니다.

“보편적인 교회 또는 우주적인 교회는 하나님께서 이 세상에서 불러 낸 자들에게 '하나의 영'으로 일치되어 '한 몸'이 되게 하시고, '한 믿음, 한 소망, 한 세례'를 소유하고, '한 하나님 즉 모두의 아버지이며 모든 것의 위에 계시며 모든 것을 사용하시고, 모든 것의 안에 계신 분'을 모시도록 하셨습니다.”[16]

이것을 우리는 공교회의 일체성이라고 말합니다.

③ 교회의 거룩성

마지막으로 존 웨슬리는 '교회의 거룩성'을 이렇게 설명합니다.[17]

"(교회가 거룩해야 하는) 가장 짧고, 단순하고, 유일한 이유는······ 교회는 거룩하기 때문입니다. 즉 교회에 속해 있는 모든 사람들은 그 정도의 차이가 있을 수 있지만 그들은 거룩합니다. 왜냐하면 그들을 부르신 하나님이 거룩하기 때문입니다. 이 얼마나 명료합니까?" 존 웨슬리는 설교 말미에 이렇게 성도들에게 권면합니다.[18] "당신들은 세상의 빛입니다. 당신들은 산 위에 있는 동네이며 결코 숨기지 못할 것입니다. 당신들의 빛이 사람들 앞에서 비춰게 하십시오. 그들에게 당신의 행위를 통해 당신의 진정한 믿음을 보여주십시오. 그들로 하여금 당신의 대화의 전체적 성향을 통해 당신의 소망이 천상에 있다는 것을 보게 하십시오. 당신의 모든 말과 행동으로 하여금 당신이 생기를 얻도록 한 그 영을 증거하도록 하십시오. 무엇보다도 당신의 사랑이 충만하도록 하십시오. 사랑이 모든 사람에게 미치도록 하십시오. 사랑이 하나님의 모든 자녀에게 흘러넘치도록 하십시오. 이렇게 하여 모든 사람들이 당신들이 서로를 사랑하기 때문에 당신이 누구의 제자인지 알도록 하십시오."

그러므로 '공교회성'이란 교회의 보편성, 교회의 일체성, 그리고 교회의 거룩성을 의미한다고 볼 수 있습니다. 교회의 보편성을 기억한다면 다른 교회의 성도들도 한 지체로 인정하게 되고, 교회의 통일성을 기억한다면 교회의 하나 됨과 연합을 더욱 힘써 도모하게 됩니다. 그리고 교회의 거룩성을 기억한다면 교회가 어떤 윤리적인 실천에 힘써야 하는지 알게 됩니다. 따라서 한국 교회가 공교회성을 상실했다는 의미는 교회의 보편성, 교회의 일체성, 그리고 교회의 거룩성을 상실했다는 말과 같습니다.

공교회성을 상실한 한국 교회의 현실

공교회성을 상실한 한국 교회의 현실을 아픔을 가지고 바라봅니다.

먼저, 한국 교회는 교회의 보편성을 상실했습니다. 이런 이야기를 들은 적이 있습니다. 서울의 모 대형 교회 주변에는 작은 교회들이 다 없어졌다는 것입니다. 왜냐하면 대형 교회가 백화점식 프로그램을 운영하여 주변의 작은 교회의 교인들을 싹쓸이했기 때문이라는 것입니다. 마치 황소개구리가 들어와 토종 청개구리들을 멸종시키듯이, 대형 교회로 인하여 교회의 생태계가 교란되고 파괴되고 있습니다. 교회의 생태계가 파괴되면 머지않아 대형 교회도 생존하기 힘들어집니다. 보편성을 상실한 한국 교회의 현실입니다.

또한 한국 교회는 교회의 일체성을 상실했습니다. 신문에 '한교총, 한

기총, 한교연과 통합 위한 조직 구성'이라는 뉴스가 보도되었습니다. (국민일보 2021. 8. 10) 한국 교회의 불편한 진실이 폭로되는 것 같아 부끄럽습니다. 보도 내용을 요약하면 다음과 같습니다.

"한국교회총연합(한교총·대표회장 소강석, 이철, 장종현 목사)이 흩어진 교계 연합 기관의 통합에 착수했다. 한교총은 한국기독교총연합회(한기총·임시대표회장 김현성 변호사)와 한국교회연합(한교연·대표회장 송태섭 목사)의 통합을 추진하기 위해 '미래발전위원회' 내에 실무 협상을 책임질 '기관통합준비위원회'를 조직·구성했다고 9일 밝혔다. 미래발전위원회는 지난해 12월 열린 한교총 제4회 정기 총회에서 특별위원회 중 하나로 설치·결의된 바 있다. 한교총은 이날 미래발전위원장에 소강석 대표회장, 기관통합준비위원장에 김태영(백양로교회) 목사를 각각 선임했다. 한교총은 직전 한교총 대표회장이었던 김 목사를 실무 협상 책임자로 추대한 것은 대표회장 직무 수행 당시 보여준 회원 교단과의 원만한 소통, 정부와의 협상 능력, 그리고 통합 파트너인 한기총 및 한교연과의 입장을 고려했기 때문이라고 설명했다. 김 목사는 한교총 7대 교단이 참여하는 준비위를 구성하고, 모든 교단의 의견이 반영되도록 노력하겠다고 밝혔다. 소 대표회장은 "한국 교회가 분열을 회개하고 다시 하나가 되는 '원 리더십'으로 새로운 미래를 계획해 나가야 한다"고 말했다. 한교총은 오는 15일 내부 상임회장단 회의를 거쳐 본격적인 통합 추진 작업에 나선다는 계획이다."

'한교총', '한기총', '한교연'…… 아무리 눈을 씻고 봐도 우리 눈에는 비슷한 이름으로 보입니다. 그런데 다르다고 합니다. 교회의 일체성을 상실한 한국 교회의 한 단면입니다. 파가 생겼다는 것은 틈이 생겼다는 것입니다. 마귀는 틈을 좋아합니다. 그 틈을 비집고 들어와 분쟁을 일으키고 망하게 합니다. 파당과 분쟁의 결과는 모두의 파탄입니다. 세상은 상대방을 죽여야 내가 살고 빛난다고 하지만, 십자가는 나를 죽이라고 합니다. 나를 죽여야 나와 너, 모두가 살 수 있습니다. 이제는 한 몸이신 예수 그리스도의 지체들로서 그리스도의 피가 전 개신교 교단에 막힘없이 돌게 되길 기대합니다.

그리고 한국 교회는 교회의 거룩성을 상실했습니다. 요사이 한국 교회는 거룩성보다 성장과 능률을 더 추구하는 경향이 있습니다. 심지어 교회가 성장되기만 한다면 목사가 횡령이나 외도, 표절 등의 잘못을 저질러도 별로 문제 삼지 않는 분위기입니다. 교회의 거룩성을 해치는 성장과 능률 추구는 교회의 본질을 위협합니다. 사회적으로 눈살을 찌푸리게 하는 세습, 횡령 등의 비난이 대부분 대형 교회로부터 야기되었다는 사실은 한국 교회가 얼마나 성장 지향적이고, 거룩성을 상실하였는지를 보여주는 반증입니다.

개교회주의

한국 교회의 공교회성을 위협하는 요인은 개교회주의입니다. 이도영은 개교회주의를 이렇게 정의합니다. "개교회주의는 개교회 자체가 성도들의 신앙생활과 가치관의 중심을 차지하고, 성도들의 신앙의 에너지와 열정을 개교회 안으로 축소하거나 제한하며, 개교회의 유지와 성장과 확장에 쏟도록 한다."[19] 한국 교회의 수많은 문제가 바로 이 개교회주의에서 발생합니다. 예를 들어, 메가처치 현상도 바로 이 개교회주의에서 발생합니다. 메가처치 현상이라는 것은 교회마다 메가처치를 추구하고 지향한다는 것입니다. 큰 교회이든 작은 교회이든, 인구가 밀집한 도시 교회이든 인구가 감소하는 농어촌 교회이든, 모든 교회들이 메가처치를 목표로 삼습니다. 이것이 하나님의 뜻이고, 목회의 성공이라는 것입니다. 교회는 유기체입니다. 유기체는 그 특성상 성장의 한계가 있습니다. 어느 정도 이상의 크기로 성장하지 않습니다. 그래야만 됩니다. 그래야만 생존합니다. 그런데 몸의 세포 중에 한계가 없이 계속 성장하는 것이 있습니다. 암세포입니다. 메가처치는 무한대의 성장을 추구합니다. 그래서 메가처치 현상은 한국 교회의 암적인 현상일 수 있습니다. 메가처치는 성장주의, 성공주의, 세습주의, 권위주의에 쉽게 빠져듭니다. 교회의 공교회성을 방해하는 가장 중요한 요인은 '개교회주의'입니다.

그러면 한국 교회가 공교회성을 회복하려면 어떻게 해야 할까요?

이도영은 한국 교회가 공교회성을 회복하기 위해 해야 할 일을 다음과 같이 정리합니다.[20] 그중에서 중요하다고 생각하는 내용 몇 가지를 추려봅니다.

첫째, 개교회 중심주의에서 하나의 보편적인 교회로 강조점이 옮겨져야 합니다. 영국 교회가 목회자의 개성과 취향에 맞춘 클럽 교회, 사회복지형 교회 등 개교회 중심주의로 분화되자 낙태법, 이슬람 샤리아법, 평등법 등이 통과되면서 교회의 대사회적 영향력이 급속히 약화되었습니다.

둘째, 교단 간의 분열에서 전 교단 차원의 연합 운동을 추구해야 합니다. 교단 우선(이기)주의가 문제입니다. 각 교단의 교리와 신학의 정체성은 지켜야 합니다. 그러나 교단 우선주의나 이기주의로 가면 안 됩니다. 모든 교단이 교단 우선주의를 극복하고, 하나가 됨으로 한국 교회를 지켜야 합니다.

셋째, 메가처치 현상에서 기독교 생태계 복원으로 강조점이 옮겨져야 합니다. 예를 들어, 교회들이 협력하여 미자립교회 목회자들의 기초생활비, 은퇴적립금 등을 책임져준다면, 미자립교회 목회자들 자녀의 진학을 돕는 장학금을 마련해준다면, 취약 농어촌 지역의 교회들의 생존을 돕는다면, 한국 교회의 생태계가 복원되어 복음의 영역이 확장될 것입니다.

04

공공성 상실

코로나19 바이러스 팬데믹을 겪으면서 한국 교회를 향한 뼈아픈 지적은 '한국 교회가 공공성을 결여했다.'는 것입니다. '공공성'이란 '한 개인이나 단체가 아닌 일반 사회 구성원 전체에 두루 관련되는 성질'을 말합니다. 예를 들어, '예술의 전당이 공공성을 강화하였다.'라는 말이 있습니다. 이 말은 예술의 전당을 어떤 특정 집단을 위한 공간이 아니라 우리 사회 구성원 전체에 유익을 주는 공간으로 만들었다는 뜻이겠지요. '한국 교회가 공공성을 결여했다.'는 것은 '자기들만의 이익을 추구하는 이기적인 집단이다.'라는 말입니다. 코로나19 바이러스 사태가 발생하자 카톨릭은 전쟁 중에도 멈추지 않았다는 주일 미사를 중지한다고 선포했습니다. 카톨릭은 공교회성이 살아있기 때문에 이런 일이 가능했습니다. 불교도 예불을 중지한다고 선포했습니다. 그러나 개신교는 엇박자를 냈습니다. 예배당에서 모이는 주일 공예배를 온라인 예배로 전환하라는 정부의 권고를 '종교 탄압'이라고 반박했습니다. 헌법에서 보장된 종교의 자유를 지켜야한다고 정부를 비난했습니다. 이런 상황을 지켜보면서 안타까움을 느낀 상식적인 지성인들이 적지 않았을 것입니다.[21]

'공공성'에는 세 가지 요소가 있는데 시민, 공공복리, 공개성입니다.[22] '시민'이란 국정에 참여할 수 있는 자유민을 뜻합니다. '공공복리'란 문자 그대로 특정 개인의 복리가 아니라 공동체 구성원 모두의 복리라 할 수 있습니다. '공개성'이란 사람들이 공개된 정보를 바탕으로 공개된 절차에 따라 자유롭게 의견을 교환함으로써 자신과 타인의 주장이 진정 올바른 것인지 판단하고 결정할 수 있어야 한다는 것입니다.

공공 신학

공공성을 신학적으로 다루는 학문을 '공공 신학(public theology)'이라고 합니다. 즉 공공 신학이란 기독교적 신념과 교리, 교회의 존재와 사역에 대한 공적 적합성에 관심을 갖는 신학이라고 할 수 있습니다. 공공 신학의 특징을 몇 가지로 정리해보겠습니다.[23]

첫째, 공공 신학은 정치, 경제, 사회, 문화 등 공적인 영역에서 신학적인 담론을 형성하도록 이론적·실천적 토대를 구축하는 신학입니다.

둘째, 공공 신학은 교회 내의 사람들뿐만 아니라 교회 밖의 사람들도 설득할 수 있는 의도된 신학, 즉 시민 사회를 위한 보편성을 지향하는 신학입니다.

셋째, 공공 신학은 타 학문의 다양한 도구와 자료와 방법을 활용하여 연구를 수행하며, 공공 신학자는 교회 밖의 시민 사회와 소통할 수 있는 이중 언어를 구사할 수 있어야 합니다.

근래에 시민 사회에 관한 관심이 두드러지고 있습니다. 과거에는 국가와 시장의 역할만 강조되었습니다. 하지만 국가와 시장의 한계가 드러나면서 시민 사회의 역할이 강조되고 있습니다. 특히 한국 사회에서는 1987년에 형식적 민주주의가 확립된 후, 실질적인 민주주의에 대한 욕구가 분출하면서 점차 시민 사회의 역할이 증대되었습니다. 박상필과 유용원은 시민 사회의 가치와 활용을 다음과 같이 8가지로 정리했습니다.[24]

① 민주주의 발전(인권의 옹호, 생활자치의 실현, 참여 민주주의의 활성화)
② 복지 사회의 구축(정부 실패의 대응, 사회적 경제의 활성화, 거버넌스의 강화)
③ 신뢰 사회의 형성(부패의 척결, 공정 사회의 확립, 사회 자본의 확대)
④ 공동체성의 강화(공동체의 복원, 사회적 약자의 보호, 자원 활동의 활성화)
⑤ 국가 품격의 증대(다원성의 수용, 문화 국가의 건설, 국제 협력의 강화)

⑥ 평화 통일의 성취(교류의 확대, 공진화의 전략, 주변국의 협력)
⑦ 아시아 문명의 개척(신사상의 정립, 평화 공동체의 형성, 허브 국가의 구축)
⑧ 대안 사회의 모색(근대성의 성찰, 새로운 생활과 제도, 주체와 환경의 통합)

공공성을 위해 한국 교회가 시민 사회와 협력할 필요가 있습니다. 시민 사회의 역할이 얼마나 중요한지 최근 신문에 보도된 인터뷰 기사(조선일보, 2021.10.1.)를 소개합니다. 김경율(52) 회계사는 '단군 이래 최대 토건 비리'로 번지고 있는 '대장동 개발 특혜 의혹'을 공론화한 주역입니다. 지난 2021년 9월 3일 '샹그릴라(이상향)는 세상에 있을까요?'라는 글을 페이스북에 올린 것을 시작으로, 김 회계사는 개인 7명이 총 3억 5,000만 원을 투자해 그 1,100배인 4,040억 원을 배당금으로 가져간 대장동 일확천금 미스터리를 전격 해부해 알리기 시작했습니다. 그가 경제금융센터소장, 집행위원장 등 요직을 맡으며 21년 동안 헌신한 참여연대와 결별한 건 조국 전 장관 때문이었습니다. 조국 가족의 사모펀드 사건을 들여다본 그는 이를 권력형 범죄로 규정, 참여연대가 조국의 법무장관 사퇴를 요구해야 한다고 주장했습니다. 그러나 참여연대가 거부하자, 2019년 9월 29일 새벽 '조국은 민정수석 자리에서 시원하게 말아 드셨다', '권력 감시라는 본연의 업무를 잊은 참여연대는 부끄러운 줄 알라'는 내용의 독설을 페이스 북에 쏟아낸 뒤 참여연대를 떠났습니다. 인터뷰 내용 중 일부분을 살펴보겠습니다.

"-조국 전 장관이 참여연대 사법감시센터 소장을 지냈으니 모르는 척할 수도 있지 않나."

"시민 사회 일원으로서 그걸 모른 척하는 건 국민을 상대로 사기 치는 것이다. 누가 들어주든 말든 내가 할 말은 해야 했다. 시민 단체가 정파적 이익에 따라 행동하는 것은 규탄 받아야 마땅하다."

-윤미향과 정의연의 회계 부실도 강도 높게 비판했다.

"이용수 할머니가 정의연과 윤미향의 비리를 폭로하는 기자회견을 하자 시민 단체들은 정확히 1주일 만에 연대 성명을 냈다. 윤미향의 위안부 활동에 흠집을 내지 마라, 회계 문제 깨끗하고 이걸 문제 삼으면 친일 적폐다……, 그러나 사실 수집도 없이 그들은 윤미향을 지키기 위해 이용수 할머니를 말살하려고 하더라. 김근수 교수라는 분은 '독립군 회계장부에 문제 있다고 일본군 편들면 되겠습니까'라고까지 했다. 아, 이 사람들은 도덕적으로도 절멸한 사람들이구나 생각했다. 괴물이 된 거지."

-순해 보이는 외모와 달리 독설가다. 김부겸 총리 후보자 인사청문회에서는 '문재인 정부의 정의, 평등, 공정이 탁현민 비서관의 소품 정도로 전락해버렸다'고도 했다.

"진심이었다. 이번 정부가 외치는 정의, 공정, 평등은 액세서리일 뿐이다. 다 쇼로 보여주기 위한 것이다. 문 정부 들어서 감찰, 견제 등 내부 통제 기능이 완전히 말살되는 걸 목격했다. 오죽하면 검찰과 감사원의 두 수장이 염증을 느끼고 야당으로 갔겠는가. 이명박, 박근혜 정권 때는 재벌 개혁을 목표로 삼성을 들여다보고 현대차를 들여다봤는데, 문재인 정권 4년 내내 나는 조국, 윤미향 등 막말로 '잡범'들만 상대하는 중이다. 어쩌다 이렇게 됐는지. 촛불에 대한 수많은 국민의 기대와 염원이 있었는데 이들은 정치 영역에서 기본적으로 갖춰야 할 최소한의 소양조차도 없다."

이 인터뷰 기사를 공유하는 이유는 건강한 시민 사회가 우리 사회를 얼마나 건강하게 만들 수 있는지를 생생하게 보여주고 있기 때문입니다.

교회의 탈지역화

공공성이란 관점으로 볼 때 교회는 기본적으로 '지역 교회'이어아 함니다. 교회는 기본적으로 지역 교회이어야 한다는 사실을 이도영은 다음과 같이 설명합니다.[25] "예수 그리스도께서 특정 시간과 공간에 성육신하셨듯이 그리스도의 몸인 교회 또한 특정 시간과 공간에 성육신해야 한다. 교회는 하나님 나라의 기쁨을 누리도록 '부름 받은 공동체'인 동시에 하나님 나라를 증언하도록 세상에 '보냄을 받은 공동체'이다. 세상에 보냄 받았다는 것은 일차적으로 지역으로 보냄 받았다는 것을 의미한다. 그래서 교회는 지역 교회인 것이다." 그런데 한국 교회는 일부 농어촌 교회를 제외하고는 대부분 탈지역화하고 있습니다. 교회가 그 지역과 소통하고, 그 지역을 섬기는 데에 서툽니다. 마치 관람객이 영화를 관람하고 극장에서 빠져나오듯이 교인들은 예배를 드리고 썰물처럼 그 지역에서 빠져나가갑니다. 교회를 개척하기 위하여 장소를 물색하다보면 느끼는 것이 있답니다. 사람들이 자기 동네에 교회가 들어오는 것을 싫어한다는 것입니다. 자기 동네에 체육관이나 도서관이 들어오면 지역 주민들이 반깁니다. 그 이유는 교회가 체육관이나 도서관처럼 지역에 유익을 주지 않고 공적인 공간으로 기능하지 않기 때문일 것입니다.

한국 교회의 목회적인 지향점이 일반 사회와 점점 더 멀어지고 있습니다. 조주희는 한국 교회가 공공성을 결여하게 된 원인을 이렇게 설명했습니다(한국기독공보, 2017.12.27). "근대화 과정에서 한국 교회의 긍정적인 역할은 많은 사람들에게 교회에 대한 관심을 불러일으켰고, 이것은 자연적으로 교회의 양적인 성장으로 이어졌습니다. 따라서 한국 교회는 인적으로나 경제적으로 아쉬울 것이 없는 공동체가 됐습니다. 스스로 아쉬울 것이 없는 한국 교회는 사회에 대해 무관심할 수밖에 없었습니다. 뿐만 아니라 성장하는 교회를 목회하다보니 교인을 모으고 관리하는 데에 목회적인 에너지를 다 쏟아 부을 수밖에 없었습니다. 결과적으로 한국 교회의 목회적인 지향점이나 언어나 문화는 일반 사회와 점점 더 멀어지게 되었습니다."

이어서 조주희는 한국 교회의 공공성 회복을 위하여 다음과 같이 제안합니다.

첫째, 신학부터 달라져야 한다는 것입니다. 이제는 교회 내부를 위한 신학의 틀을 벗어나 교회 공동체가 이 세상을 향하여 어떻게 관계하고, 어떻게 대화할 지에 대한 활발한 연구가 이루어져야 합니다.

둘째, 교회의 역량을 어디에 쏟을 지에 대한 총체적인 점검이 필요합니다. 교회 내부에 집중된 에너지를 교회의 담을 넘어 이웃을 위해 어떻게 사용할 것인가에 대한 연구와 개발이 필요합니다.

셋째, 한국 교회는 세상과 소통하기 위한 대사회적 언어를 개발해야 합니다. 기독교의 진리, 가치관으로 일반 사회와 소통하기 위하여 그들이 알아듣고, 이해할 수 있는 언어를 찾고 계발하는 것이 시급합니다. 한국 교회는 세상과 소통할 줄 모르면서도 철저하게 세상적인 것을 닮아가는 종교가 되어버렸습니다. 한국 교회의 세속화입니다.

이제 한국 교회는 복음의 공공성을 회복하는 공동체로 거듭나야 합니다. 신앙은 개인적으로 받아들여야 하는 것이시만 결코 사적인 것이 아닙니다. 교회는 특수한 공동체이지만 세상 안에 존재하는 이상 교회도 사회적 공공성을 갖추어야 할 책임이 있습니다. 한국 교회의 위기를 극복하기 위하여 시급히 회복해야 할 것은 공적 진리로서의 복음입니다.

2부

선교적 교회란

왜 선교적 교회입니까? 왜 이 대목에서 뜬금없이 '선교적 교회'라는 단어가 나옵니까? 그것은 선교적 교회가 될 때 한국 교회가 안고 있는 문제를- 기독교 영성 상실, 공동체성 상실, 공교회성 상실, 공공성 상실- 해결하고, 교회다움을 회복할 수 있기 때문입니다. 한국 교회는 '소비자가 왕이다.'라는 자본주의에 물들어 은연중 소비자 중심의 교회 생활을 조장하는 우를 범하고 말았습니다. 고객 만족이 우선이었습니다. 교회의 주차 시설이나 교회 교육 시스템도 소비자의 필요에 얼마나 적절하고, 유용한가에 따라서 평가했습니다. 소비자적인 마인들을 가지고 목사의 설교나 성가대의 찬양을 평가했습니다. 교회의 이미지는 모이기에 편한 곳, 필요한 것을 얻는 곳, 와서 마음의 위로를 받는 곳이 된 것입니다. 그러다보니 일반인들의 눈에 비친 한국 교회는 개인의 종교적 욕구를 충족시켜줄 뿐 사회의 통합과 발전에 아무런 도움을 주지 못하는, 있으나 마나한 공동체로 인식되었습니다. 한국 교회를 선교적 교회로 만들 때, 이런 잘못된 한국 교회의 토양을 근본적으로 갈아엎을 수 있습니다.

05

선교적 교회 되기

코로나19 바이러스 사태가 주는 교훈은 '한국 교회는 교인의 필요를 충족시켜주는 종교 백화점이 아니라 주님의 선교 명령에 순종하는 선교적 교회(missional church)가 되어야 한다.'는 것입니다. 선교적 교회란 '온 성도가, 세상으로 보냄을 받아, 하나님의 선교(Missio Dei)에 동참하는 교회'를 말합니다. 선교적 교회의 담론은 기존의 선교 이해를 근본적으로 바꿔놓았습니다. 교회보다 선교가 먼저이고, 교회는 선교의 산물이라는 것입니다. 교회를 위해 선교가 존재하는 것이 아니라 선교를 위해 교회가 존재한다는 것입니다. 선교를 망각한 교회는 이미 교회 되기를 포기한 것이나 마찬가지입니다. 그동안 사람들은 선교를 단순히 교회의 여러 가지 프로그램 중의 하나로, 소수의 관심 있는 사람들만이 참여하는 활동으로 이해했습니다. '선교적 교회가 되자.'는 것은 선교를 더하자는 이야기가 아니고, 선교사를 더 많이 보내자는 이야기도 아닙니다.

송민호는 그의 책 『선교적 교회로 가는 길』에서 다음과 같은 말로 선교적 교회를 설명합니다.[26] 그 내용을 정리해봅니다.

① '온 성도가'

선교적 교회란 온 성도가 선교적 삶에 헌신하는 교회입니다. 일부 헌신된 선교사들만이 아니라 '온 성도'가 선교적 삶에 참여하는 교회입니다. 성도 한 사람 한 사람이 복음으로 세상을 섬기겠다는 삶의 목적을 깃도록 훈련하고 파송하는 교회를 말합니다. 교회사에 보면 모라비안(Moravians) 공동체가 바로 이런 교회였습니다. 모라비안 공동체는 엄청난 수의 선교사를 파송했을 뿐만 아니라 온 성도가 100년 이상 끊이지 않고 선교를 위한 연속 중보 기도를 했습니다. 선교적 교회란 온 성도가 선교적 삶에 헌신하는 교회입니다.

② '세상으로 보냄을 받아'

선교적 교회는 '세상으로 보냄을 받은' 공동체입니다. 성도들은 교회 담장 안에서 살아계신 하나님을 예배하고, 성도의 교제를 나누면서, 서로를 격려합니다. 그리고 교회 담장을 넘어 밖으로 나갑니다. 그곳에서 일하시는 하나님의 선교에 동참하는 것입니다. 오늘날 많은 한국 교회가 이 부분에 약합니다. 열심을 품은 성도들은 교회 안에서의 사역으로 탈진하여 정작 지역과 직장에서는 아무 일도 할 수 없는 방전된 상태가 됩니다. 선교적 교회는 '세상으로 보냄을 받은' 공동체입니다. 선교적 교회는 사람들을 끌어 모으기보다는 사람들 속으로 들어가 성육신적인 사역을 하도록 요청합니다.

③ '하나님의 선교(Missio Dei)에 동참하는 교회'

> "예수께서 이르시되 너희에게 평강이 있을지어다. 아버지께서 나를 보내신 것 같이 나도 너희를 보내노라."(요한복음 20장 21절)

이 말씀은 부활하신 예수님께서 제자들을 만나 가장 먼저 하신 말씀입니다. 죽었다가 살아나셨는데 얼마나 하실 말씀이 많겠습니까? 그런데 그 모든 말씀을 뒤로 하고 이 말씀을 하신 것입니다. 그만큼 의미심장하고, 중요한 말씀입니다. '아버지께서 나를 보내신 것 같이 나도 너희를 보내노라.' 그러므로 교회는 우리를 세상에 보내신 아버지의 마음을 알아, 하나님의 일하심((Missio Dei)에 기꺼이 동참해야 합니다. 하나님은 교회를 세상으로 보내시는 선교적 하나님이십니다. 이 생각은 선교의 출발점을 교회로부터 하나님께로 이동시킵니다. 교회가 선교를 수행하는 것이라기보다 하나님께서 교회를 통해 선교하신다는 것입니다. 핵심은 교회가 선교를 소유하는 것이 아니라 하나님의 선교가 교회를 소유하는 것입니다.

이런 교회는 선교적 교회가 아닙니다. 선교적 교회라는 개념을 좀 더 분명히 이해하기 위하여 앨런 록스버리, 스캇 보렌이 쓴 『선교적 교회 입문』에서 선교적 교회가 아닌 것들을 살펴보겠습니다.[27]

① 선교적 교회란 타 문화 선교에 집중하는 교회를 의미하는 것이 아니다. 선교적 교회는 단지 선교의 방법을 논하는 것이 아니다.
② 선교적 교회는 외부를 향한 전도 프로그램에 집중하는 교회가 아니다. 선교적 교회는 예수님처럼 우리의 이웃과 지역 사회 안으로 들어가 그들과 함께 살아갈 것을 요청한다. 이것은 하나의 프로그램을 말하는 것이 아니라 교회의 존재 방식을 말하는 것이다. 우리는 삶의 현장 속으로 들어가 성령이 어떻게 우리를 하나님의 백성으로 만들어 가시는지 발견해야 한다.
③ 선교적 교회는 교회 성장이나 교회의 효율성을 위한 또 하나의 전략이 아니다. 사람들을 교회 안으로 끌어들이기 위한 매력적인 전략이 아니다.
④ 선교적 교회는 효과적으로 전도하는 교회를 말하는 것이 아니다. 선교적 교회는 단지 개인을 예수께로 인도하는 수단이 아니라 불신자들에게 하나님의 나라를 소개하고 그들을 하나님의 나라에로 초대하는 것이다.
⑤ 선교적 교회는 분명한 비전 선언문과 사명 선언문을 가지고 있다

고 되는 것이 아니다.

⑥ 선교적 교회는 시대에 뒤떨어지고 비효율적인 교회의 양식을 현대 문화에 적합한 양식으로 바꾸는 것이 아니다. 선교적 교회는 적합성에 대한 관심을 뛰어넘어 그리스도인들이 어떻게 매일의 삶 속에서 문화와 연관을 맺느냐에 관심을 가지고 있다.

⑦ 선교적 교회는 초기 교회로 회귀하려는 운동이 아니다. 우리는 후기 기독교 세계(post-Christendom) 시대를 살아가고 있으며, 성령의 도우심으로 이 시대와 장소에 적합한 교회 양식을 만들어야 한다.

⑧ 선교적 교회는 전통 교회에 흥미를 느끼지 못하는 사람들에게 새로운 양식의 교회를 제공하기 위한 프로그램이 아니다. 선교적 교회는 포스트 모던 세대를 이끌어 들이는 것 이상의 어떤 것이다.

세상으로 보냄을 받은 교회

선교적 교회는 세상으로 보냄을 받은 교회입니다. 선교적 교회를 이해하는 데에 있어서 교회가 세상과 갖는 관계를 살펴보는 것이 도움이 됩니다. 교회는 다음 세 가지 유형으로 세상과 관계를 갖습니다.[28]

① 세상 가치관에 점령된 교회

교회가 세상을 바꾸어야 하는데 실상은 교회가 전혀 세상을 바꿀 힘과 의도가 없습니다. 그 이유는 이미 교회가 세상의 가치관에 점령되었기 때문입니다. 그 예로, 히틀러를 옹호했던 독일 교회, 일제하 신사 참배를 종교 의식이 아닌 국가 의식이라고 강변했던 한국 교회를 들 수 있겠지요. 교회가 세상을 복음으로 바꿔야 하는데 세상을 바꾸기보다는 오히려 세상의 가치관에 장악되어 무기력해진 교회를 말합니다. 마태복음 5-7장에 나오는 예수님의 산상 수훈을 천국의 윤리로 믿고 살아내면서 세상을 바꾸어가고 있는지 아니면 세상 사람들과 똑같은 가치관을 가지고 정치, 경제, 문화, 교육, 예술 등 전 삶의 영역에서 별 차이 없이 살아가고 있는지 우리는 따져 봐야 합니다.

교회가 이 세상에 선한 영향력을 끼치지 못한다면 그 교회는 무기력한 교회라고 말할 수 있을 것입니다.

② 세상과 단절된 교회

교회와 세상은 철저히 분리되어야 한다는 사고의 배후에는 성과 속을 분리하려는 이원론적인 사고가 한 몫을 합니다. 거룩한 영역에서 일어나는 일은 가치 있고, 세속적인 영역에서 일어나는 일은 어떤 일도 가치가 없다고 생각하는 것입니다. 결국 교회와 세상은 결별해야 할 영역이 되는 것입니다. 교회사를 보면 주님을 따르는 일로 세상과 단절한 사람들이 있었습니다. 4세기경 이집트에서 시작된 사막 수도원 운동이 바로 그런 것입니다. 사막 교부들은 세상의 유혹을 멀리하고, 하나님께 더 가까이 가려는 열망으로 사막에 들어가 기도에 전념했던 사람들이었습니다. 기도와 노동이라는 단순한 삶을 선택함으로써 세상의 욕망, 탐심, 교만을 털어버리고 내적 고요를 얻으려고 무단히 수련했습니다.

문제는 그들이 세상을 등진 삶을 살았다는 것입니다.

그러면 세상과 단절된 교회가 세상에서 하는 일은 무엇입니까? 영혼 구원을 위한 전도만이 세상을 향한 교회의 유일한 사명이 되는 것입니다. 인도주의 차원에서 교회가 선한 일을 할 수 있겠지만 결국 그 일도 영혼 구원을 위한 수단으로 여기지 그 자체가 교회의 사회적 사명이라고 보지 않습니다. 예를 들어, 지구온난화에 대한 뉴스를 접하면, 지구촌의 일원으로서 함께 걱정할 수는 있겠지만 환경 문제를 하나님의 창조 질서와 구원의 관점에서 해석하고 접근하려고 하지 않습니다. 이럴 경우, 세상은 교회를 '자신을 위한 이기적인 집단'이라고 평가합니다. 교회 건물이 더 높게 올라가고, 교인수가 더 많아질 수 있을지 모르지만 세상 사람들은 교인들을 향하여 '그 교회 사람들'이라고 말합니다. 주님은 세상으로부터 격리된 삶을 살라고 가르치지 않았습니다. 오히려 성도를 세상으로 보내셨습니다.

③ 세상으로 보냄을 받은 교회

이런 교회에 있어서 주일 예배는 매우 중요합니다. 교인들은 주일 예배를 통하여 새로운 힘을 얻습니다. 말씀으로 무장하고, 성도의 교제로 위로를 받으며 세상으로 나갈 준비를 합니다. 월요일부터 토요일까지 세워주신 자리에서 하나님의 백성으로서 증인된 삶을 살아갑니다. 이런 성도의 삶에는 예수 그리스도를 닮으려는 내적 성화와 세상을 향한 사회적 성화가 있습니다. 그동안 한국 교회가 해왔던 제자 양육도 개인적 성화를 넘어 사회적 성화로 이어지도록 그 내용을 바꾸어야 합니다.

선교적 교회는 '세상으로 보냄을 받은 교회'입니다. 선교적 교회는 세상과의 단절을 원하지 않습니다. 단절보다 소통하려고 노력합니다. 그래서 이런 교회는 복음적(evangelical)이면서 동시에 상황적(contextual)입니다. 즉 복음의 본질을 견고히 붙잡으면서도 상황적 이슈를 상세히 파악하여 복음으로 세상을 바꾸려고 노력하는 교회입니다. 이런 교회의 성도는 세상에 있지만 세상에 속하지 않습니다.(in the world but not of the world)

우리가 지향하는 교회는 세상과 소통하고 세상을 섬기며 예수 그리스도의 복음으로 세상을 변화시키는 선교적 교회입니다. 우리가 지향하는 교회는 온 성도가 세상으로 보냄을 받았다는 확신 아래 세상 속으로 들어가 하나님의 통치를 삶으로 보여주는 선교적 교회입니다. 우리가 지향하는 교회는 성도들을 교회 안에서만 순응하도록 훈련하는 것이 아니라 담장을 넘어 공의로운 사회를 만들어가는 하나님의 사람으로 세워가는 선교적 교회입니다. 그렇지 않고서는 아무리 많은 성도가 있을지라도 이 세상은 여전히 불의한 세상으로 남겨질 것입니다.

한국 교회가 선교적 교회가 되지 못한 원인이 무엇일까요?

첫째, 한국 교회가 교회 성장주의에 매몰되었기 때문입니다.

한국 교회에 있어서 문제의 뿌리는 국가 경제 발전과 함께 따라온 '교회 성장주의'라는 이데올로기입니다. '대형 교회가 되는 것이 바로 성공이다.'라는 비성경적 이데올로기가 한국 교회를 지배하게 되었습니다. 그래서 사역자의 역량이나 교회를 평가할 때도 성장주의 잣대를 들이 댔습니다. 신자의 수, 헌금의 정도, 건물의 크기 등으로 교회를 측정, 평가했습니다. 목회자의 능력을 교회 성장과 직결시키다보니 일부 대형 교회의 지도자들은 자신들도 모르는 사이에 하나님 다음 가는 자리를 차지하는 권위주의의 옷을 입게 되었습니다. 교회 성장이라는 이름 아래 물량주의, 권위주의, 맘몬주의가 함께 교회에 들어온 것입니다.

둘째, 한국 교회가 종교 백화점화 되었기 때문입니다.
'소비자가 왕이다.'라는 소비자 중심의 자본주의에 살다보니 은연중에 교인들의 교회관도 소비자 중심으로 맞춰지게 되었습니다. 그래서 교인들이 소비자적인 마인드를 가지고 교회 생활을 했습니다. 고객 만족이 우선이었습니다. 교회의 주차 시설이나 교회 교육 시스템도 나의 필요에 얼마나 적절하고, 유용한가에 따라서 평가했습니다. 교회의 이미지는 모이기에 편한 곳, 필요한 것을 얻는 곳, 와서 마음의 위로를 받는 곳이 된 것입니다. 꿈에서라도 한 번쯤 '하나님이 이 교회를 세우신 목적은 무엇일까?'라는 질문을 해보지 않았습니다. 그래서 교인들은 좀 더 편리한 시설과 시스템을 갖춘 교회를 찾아 이동하였고, 그런 수평이동을 통하여 갑작스레 커진 교회들은 크기만 대형 교회일 뿐 세상을 변화시킬 수 있는 자질, 능력, 의도를 기본적으로 갖추질 못했습니다. 그러다보니 일반인들의 눈에 비친 한국 교회는 개인의 종교적 욕구를 충족시켜줄 뿐 사회의 통합과 발전에 아무런 도움을 주지 못하는, 있으나

마나한 공동체로 여겨졌습니다.

셋째, 한국 교회가 교회 본질을 상실했기 때문입니다.

중요한 것은 이것입니다. '교회가 성장하면서 성도 한 사람 한 사람이 어떻게 복음으로 변화되는가?' '그 교회가 속해 있는 지역 사회가 얼마나 복음으로 변화되는가?'라는 것입니다. 그러나 지금의 한국 교회를 보십시오. 차마 입에 담을 수 없는, 일반인의 상식으로 도저히 이해할 수 없는 일들이 교회에서 쏟아져 나오고 있지 않습니까? 그래서 교회가 사회를 걱정하는 것이 아니라 사회가 교회를 걱정하는 상황에 이르고 말았습니다. 그동안 한국 교회는 교인을 세상을 바꾸는 '선교 야성'을 가진 그리스도의 제자로 양육했는지, 아니면 소비자 마인드를 가진 종교적인 고객으로 안주하도록 만들었는지 깊이 반성할 필요가 있습니다. 목회자는 교인수가 늘어난다고 마냥 좋아할 것이 아니라 어떻게 모여드는 교인들을 올바로 훈련해서 세상으로 파송할까를 고민했어야 했습니다.

선교적 교회가 되려고 얼마나 노력하는가?

필자의 교회는 창립 이래로 선교적 교회가 되려고 부단히 애썼습니다. 지금 필자의 교회에서 진행되고 있는 '헌신 제자 양육'도 이런 선교적 교회를 세워가려는 일환입니다. 그래서 책의 부제목이 「선교지향적인 교회의 제자 양육, 헌신』입니다. 『헌신』 책의 구성은 이렇게 되어있습니다.

① 1부- 선교적 교회의 구성원은 구원의 확신이 있어야 합니다.

자기 구원에 대한 확신 없이 '선교' 운운한다는 것은 말도 되지 않습니다.

② 2부- 선교적 교회의 구성원은 하나님과의 내밀한 교제가 있어야 합니다.

그래서 매일 생활에서 하나님과의 교제의 풍성함을 누려야 합니다. 매일 하나님과의 교제가 변변하지 못한 사람이 '선교'를 입에 올리면, 다른 사람들이 "너나 잘 해!"라고 조롱합니다.

③ 3부- 선교적 교회의 구성원은 하나님의 선교 사역에 동참하여 세상에서 구체적으로 하나님의 나라를 일구어야 합니다.

아직 걸음마 단계에 있는 한국의 선교적 교회론은 이론과 실천에 있어서 미숙할 수밖에 없습니다. 그러나 최근 지역 교회에서 선교적 교회에 대한 관심과 선교적 교회를 목회적으로 실천하려는 움직임이 일어나고 있습니다. 이 점은 고무적입니다.

세미나에 참석하면 가끔 이런 질문을 받습니다. "만일 당신이 죽는다면 누가 슬퍼할지 생각해 보십시오?" 이 질문에 빗대 엉뚱한 질문을 해 봅니다. "만일 우리 교회가 어떤 이유로 문을 닫는다면 누가 가장 슬퍼할까요?" 하나님과 우리 교우들과 지역 주민들 중에 누가 가장 슬퍼할까요? 아니면 아무도 슬퍼하지 않을까요? 예배당 옆을 수많은 주민들이 오고 갑니다. 그들의 발걸음을 물끄러미 바라보면서, 질문에 답을 하려고 하니 자꾸 마음이 쓰려옵니다. 신학이 달라져야 합니다. 신학의 중심 추가 교회 안이 아니라 교회 바깥에 놓여야 합니다.

06

선교적 교회의 요소들

선교적 교회가 되려면 몇 가지 중요한 요소들이 갖춰져야만 합니다. 선교적 교회는 구호만으로 이뤄지지 않습니다. 송민호의 『선교적 교회로 가는 길』(킹덤북스, 2020)을 참고하여 필자의 경험을 토대로 이 장을 서술하려고 합니다.[29] 선교적 교회가 되기 위하여 어떤 요소들이 필요할까요?

첫째, 교회를 선교적 공동체로 만드신 분은 성령이셨고, 지금도 그렇습니다.

성령께서 예루살렘 초대 교회를 시작하셨고(사도행전 2장 4, 38절), 복음을 증거 하던 제자들이 환란과 핍박을 받을 때 그들과 함께 하셨고(사도행전 4장 31절, 5장 3절, 6장 10절, 7장 55절), 다메섹 도상에서 사울에게 임하셔서 회심하게 하셨고(사도행전 19장 17절), 이방인 고넬료를 맞아들이라고 보여주신 베드로의 환상 중에 함께 하셨으며(사도행전 10장 19절, 44절, 11장 12절, 15절), 이방인들 사이에 최초로 세워진 안디옥 교회와 함께 하셨고(사도행전 11장 24절, 28절, 13장 1-3절, 4절), 이방인들의 영입을 위해 할례를 강요할 것인가를 놓고 고심할 때 예루살렘 회의에 참여한 제자들에게 임하셨고(사도행전 15장 28절), 바울로 하여금 소아시아에서 마게도니아 지방으로 선교 방향을 바꾸도록 하셨고(사도행전 16장 6-7절), 바울이 예루살렘에서 담대히 하나님의 말씀을 증거 하도록 인도하셨으며(사도행전 20장 23절, 21장 4, 11절), 바울이 로마로 압송되어 갈 때도 험한 풍랑 가운데 함께 하셨고(사도행전 27장 23-24절), 로마에 머물 때도 담대히 하나님 나라를 전파하도록 인도하셨습니다(사도행전 28장 30-31절). 이 모든 과정과 배후에 성령께서 역사하셨습니다.

선교적 교회로의 전환을 원하는 교회라면 당연히 성령의 인도하심에 민감해야 합니다. 안디옥 교회를 보십시오. 안디옥 교회 성도들은 바울과 바나바를 세계 선교를 위해 파송하라는 성령의 음성을 듣고 즉시 반응했습니다. 안디옥 교회의 기둥 같은 지도자들을 파송한다는 것은 걱정스러운 일이었지만 교회는 기꺼이 순종했습니다. 오늘 우리가 선교적 교회를 향해 나아갈 각오가 되어 있다면, 성령을 인정해드려야 합니다. 그리고 성령께서 거룩한 부담을 주실 때 기꺼이 반응하고, 순종해야 합니다.

둘째, 선교적 교회 되기의 핵심은 교회의 리더십입니다.

아무리 선교적 교회가 바람직하다고 할지라도 교회의 리더십이 여기에 대한 관심과 열망이 없으면 변화는 일어나지 않습니다. 선교적 교회를 꿈꾸는 리더십이라면 왜 선교적 교회가 필요한지, 전통적 교회의 한계가 무엇인지, 그리고 선교적 교회가 되기 위해 무엇을 해야 하는지에 대한 이해가 필요합니다.

전통적인 교회에서 선교적 교회로 전환한다는 것은 엄청난 변화입니다. 따라서 온 성도가 선교적 교회에 대한 필요성을 공유하고, 기꺼이 대가를 지불할 각오를 해야 합니다. 그렇게 되기까지 오랜 기간 교육과 훈련을 통해 선교적 교회가 무엇인가를 가르치는 선교적 리더십이 필요합니다. 선교적 교회는 선교적 교회를 촉구하는 구호를 제창한다거나 선교적 교회의 필요성에 대한 몇 번의 설교로 만들어지는 것이 아닙니다.

셋째, 선교적 교회가 되려면 우선적으로 교회가 건강해야 합니다.

건강한 사람을 보면 특징이 있습니다. 영양을 골고루 잘 섭취하고, 열심히 활동을 하여 몸의 에너지를 잘 소비하는 것입니다. 마찬가지로 건강한 교회를 이루는 성도라면 기본적으로 말씀과 기도로 영적인 힘을 얻고, 섬김과 나눔을 통해 축복을 나누어야 합니다.

그러나 우리 주변에는 건강하지 못한 교회들을 보게 됩니다. 건강하지 못한 교회의 현상 중의 하나는 '다툼'이 있다는 것입니다. 담임 목사와 평신도 지도자(장로)들 사이에 다툼이 있고, 오래된 교인과 새로 유입된 교인들 사이에 다툼이 일어나기도 합니다. 이렇게 싸움이 그치지 않는 건강하지 못한 교회들이 적지 않습니다. 건강한 교회는 상식이 통하고, 합당한 절차를 통하여 리더를 뽑고, 그 리더들이 하나님의 음성에 민감하게 반응하며 순종하는 교회입니다.

건강한 교회에는 다음과 같은 6가지 질적인 특징이 있습니다.

① 건강한 교회에는 사역자를 세우는 지도력이 있습니다. 일 중심보다는 사람 중심으로 사역자를 세우고, 권한과 기회를 부여하여 스스로 헌신하도록 격려합니다.

② 건강한 교회에는 은사 중심적인 사역이 일어납니다. 교회 리더십은 성도들이 받은 은사대로 쓰임 받도록 안내하고, 격려합니다.

③ 건강한 교회에는 열정적인 영성이 있습니다. 냉랭한 성도들이 열성적인 신앙인으로 변화되고, 그 뜨거움은 헌신으로 이어집니다.

④ 건강한 교회에는 기능적인 조직을 많이 가집니다. 즉 교회가 전통에 얽매이지 않고, 교회 발전을 위해서 효율적인 조직을 선호하고 추구합니다. 조직을 위한 조직이 아니라 기능을 위한 조직이 되기 위해 평가를 통해 개선하려고 노력합니다.

⑤ 건강한 교회에는 영감 있는 예배가 있습니다. 성도들은 주일 예배를 통하여 하나님의 임재와 성령의 기름 부음을 느낍니다. 성도들은 예배를 통하여 회복을 경험합니다. 성도들은 예배를 통하여 영적인 무장을 하고, 세상을 향해 나아갑니다.

⑥ 건강한 교회에는 소그룹 모임이 활성화되어 있습니다. 소그룹을

통하여 성도들의 영적인 교제가 풍성해집니다. 성도들은 교제를 통하여 함께 삶을 나누고, 함께 묵상한 말씀을 나누고, 함께 중보 기도를 합니다. 이런 영적인 교제를 통하여 예수 그리스도의 제자로 세워지고, 그리스도를 닮아가는 성화를 이루어갑니다.

넷째, 선교적 교회는 온전한 복음이 선포되어야 합니다.

온전한 복음은 사유화되지 않는 복음을 말합니다. 나만 구원 받아 천국 가고, 나만 물질적인 복을 누리기 위해 예수님을 믿는다면 그것은 복음을 사유화한 것입니다. 그런 성도들이 모여서 내 교회 위주로만 신앙생활을 한다면 이것 또한 복음을 사유화한 것입니다. 사유화된 복음은 하나님의 나라가 이 땅에 선포되고, 실현되는 것에 대하여 전혀 관심이 없습니다. 복음은 나만을 위해 존재하는 것이 아니라 온 세상을 구속하시기 위한 하나님의 구체적인 해결책입니다. 복음은 나의 구원만을 위한 것이 아니라 하나님의 창조 세계를 구속하시는 하나님 나라의 기쁜 소식입니다.

온전한 복음은 타협하지 않는 복음을 말합니다. 타 종교를 향하여 우리가 취할 태도는 세 가지 정도입니다. 첫째는 배타주의(Exclusivism)입니다. 예수님만이 길이요 진리요 생명임을 확신하며 다른 종교의 구원을 인정하지 않습니다. 둘째는 포괄주의(Inclusivism)입니다. 타 종교 안에도 하나님께서 택하신 무명의 그리스도인들이 있다고 믿는 것입니다. 셋째는 다원주의(Pluralism)입니다. 다원주의는 구원이 기독교에만 있지 않고, 타 종교에도 있다고 믿습니다. 각 종교마다 절대적인 진리를 가지고 있다고 믿으며 구원에 대한 기독교의 유일성을 부인합니다. 그러나 둘째와 셋째는 수용할 수 없습니다. 복음주의자라면 복음만이 인간의 죄를 해결하고, 복음만이 하나님의 창조 세계를 구속하며, 복음만이 우리를 죄와 사망의 권세에서 구원한다는 확신을 갖고 있기 때문입니다.

온전한 복음은 분열되지 않는 복음을 말합니다. 복음을 영혼 구원만으로 축소하고, 사회 참여로만 해석할 때 우리는 다시 한번 분열된 복음을 보게 됩니다. 복음은 전인적입니다. 하나님께서 창조하신 인간의 몸과 혼과 영 모두가 구속의 대상이 되며, 인간뿐만 아니라 하나님의 창조 세계 전체가 구속의 대상이 됩니다. 영혼 구원과 사회 참여 양축을 심각하게 고려하고 접근하는 교회야말로 전인적인 복음을 믿고 선포하는 것입니다.

다섯째, 선교적 교회는 제자 훈련 과정이 분명하고 철저해야 합니다.
새 가족을 위한 멤버십 과정부터 선교적 교회의 일원으로서 선교적 교회가 무엇인지, 앞으로 교우의 삶에서 무엇을 기대하는지를 분명히 가르치고 훈련하여 동역자로 세워야 합니다. 교제나 친교만을 원한다면 구태여 훈련이 필요 없습니다. 그러나 성도들이 세상으로 보냄을 받아 선교적인 삶을 살아내려면 반드시 훈련이 동반되어야 합니다. 그렇다면 선교적 교회의 성도들은 어떤 모습일까요?[30]

① 선교적 교회의 성도는 하나님의 선교(Missio Dei)에 동역하고 있다

는 사실을 알고 있습니다. 선교적 교회의 성도는 하나님께서 타락한 인간과 죄로 물든 창조 세계를 회복하시는 일을 하고 계시다는 사실을 믿습니다. 그 일에 하나님의 백성을 부르신다는 것을 굳게 믿고, 하나님의 백성으로서 겸손히 하나님의 선교(Missio Dei)에 동역하는 것을 사명으로 여깁니다.

② 선교적 교회의 성도는 '하나님의 택하신 백성'이라는 의미를 잘 이해합니다. 선교적 교회 성도는 자신의 정체성과 사명에 대한 분명한 이해가 있습니다. 왜 하나님께서 평범한 나를 선택하셨는지, 왜 나를 하나님의 몸 된 교회의 한 지체로 세워주셨는지를 깊이 생각합니다. 그 사명은 증인의 삶을 사는 것이며, 증인의 삶이란 복음의 선포뿐만 아니라 복음으로 세상을 바꾸는 것을 의미합니다.

③ 선교적 교회의 성도는 전인적인 복음 이해를 가집니다. 예수님께서 가르치시고 보여주신 복음은 전인적이라고 믿습니다. 그래서 요한복음 3장 16절에 나오는 "하나님이 세상을 이처럼 사랑하사"에서 '세상'의 범위를 우주적으로 이해합니다. 즉 한 영혼의 구원으로 끝나는 것이 아니라 하나님께서 지으신 온 세상이 치유 받고 하나님의 뜻 가운데 살아가기를 원하시는 것으로 이해합니다.

④ 선교적 교회의 성도는 성도의 신앙생활이 교회 담장 안에서만 이루어진다는 이원론적인 사고를 거부합니다. 이전에는 공격적인 전도를 통해 회심자를 교회 안으로 끌어들이기 위해 교회의 담장을 넘었다면 이제는 지역 사회를 섬기는 목적으로 교회 담장을 넘습니다. 더 이상 복음의 축복이 교회 안에 있는 성도에게만 배분되는 것이 아니라 그 축

복이 교회 밖으로 흘러가게 하는 것입니다.

선교적 교회 성도는 이 사회에서 소외된 자들에 대하여 특별한 관심을 가집니다. 200만 명에 이르는 이주민들, 3만 4천 명에 이르는 탈북자들, 최근 문제가 되고 있는 난민들, 독거노인, 노숙자들 등 변두리에서 힘들게 살아가는 사람들을 관대함으로 다가갑니다.

⑤ 선교적 교회의 성도는 하나님 나라의 실재를 삶으로 증거 합니다. 죄로 인해 단절된 하나님과 인간과의 관계, 인간과 인간과의 관계, 그리고 인간과 창조 세계의 관계를 회복하는 일에 관심을 갖고 실천합니다. 환경 문제가 일부 환경 전문가나 운동가의 문제가 아니라 세상을 창조하신 하나님의 관심사임을 확인하고 실천합니다. 예수님을 잘 믿는다는 것은 창조 세계에 대한 올바른 자세를 취한 청지기의 삶을 말합니다.

선교적 교회는 하루아침에 뚝딱 만들어지지 않습니다. 특히 전통적 교회에서 선교적 교회로의 전환은 매우 어렵습니다. 그러나 교회의 리더십이 분명한 목표와 방향을 정립하고, 끊임없이 성도 한 사람 한 사람을 그리스도의 신실한 제자로 세워가며, 성령의 도움을 받으면 반드시 주님이 원하시는 선교적 교회의 모습으로 변화되리라고 확신합니다.

3부

존 웨슬리의 성화론에서 답을 찾다

선교적 교회의 신학적 근거를 '존 웨슬리의 성화론'에서 발견합니다. 그동안 한국 교회는 존 웨슬리의 신학을 제대로 이해하지 못하고 '성령의 체험'(1738년 5월 24일 성령 체험)만을 강조해왔습니다. 존 웨슬리가 가르치고자 했던 '내주하시는 성령의 도움으로 가꿔지는 성화' 곧 '작은 예수'가 되는 것에 대하여 무관심해왔습니다.

초대 교회 당시 사람들은 '예수는 싫지만, 예수 믿는 사람들은 좋다.'고 했습니다. 예수가 싫었던 이유는 '예수'라는 이름이 고대 사회에서는 듣지도 보지도 못했던 낯선 이름이었기 때문입니다. 반면 예수 믿는 사람을 좋게 생각했습니다. 왜냐하면 그들의 인격이 이방인들이 흉내낼 수 없을 정도로 고상했기 때문입니다. 그러나 요즘은 반대로 사람들이 '예수는 좋은데, 예수쟁이들은 싫다.'라고 합니다. 예수가 좋은 이유는 그분의 삶과 사상이 얼마나 고상했는지를 알고 있기 때문이며, 예수쟁이가 싫은 이유는 그들의 인격이 너무 실망스럽기 때문입니다. 이때야말로 존 웨슬리의 성화론이 한국 교회에 긴급히 요청된다고 확신합니다.

07

의인(justification)[31]

성화의 출발점은 의인(義認, justification)입니다. '의인'이란 의롭다고 인정받는 것을 말합니다. 의인은 우리를 성화의 길에 들어서게 합니다. 의인은 우리로 하여금 성화의 열망을 갖게 합니다. 존 웨슬리의 성화론에 들어가기 전에, 먼저 그의 '의인(義認)'의 교리에 대하여 살펴보고자 합니다.

사람은 하나님의 절대적인 의(義)의 기준에 도달할 수 없습니다. 로마서 3장 23절의 말씀입니다.

"모든 사람이 죄를 범하였으매 하나님의 영광에 이르지 못하더니"

성경은 모든 사람이 죄인이라고 단호하게 선포합니다. 인간은 하나님의 절대적인 의의 기준에 도달할 수 없다는 것입니다. 인간의 상대적인 기준으로 의롭다고 평가받을 사람은 더러 있을지 모르지만, 하나님의 절대적인 기준에 합당한 의로운 사람은 아무도 없습니다. 의에 대한 하나님의 기준과 인간의 기준이 어떻게 다른지 예를 들어보겠습니다. 사람들은 살인 행위를 해야 죄를 범했다고 생각합니다. 그러나 예수님은 마음속에 미운 감정이 있었다면, 살인한 것(마태복음 5장 22절)으로 여깁니다. 사람들은 실제로 간음 행위를 해야 죄를 범했다고 생각합니다. 그러나 예수님은 마음속에 음욕을 품었다면, 간음한 것(마태복음 5장 28절)으로 여깁니다. 하나님의 기준으로는 마음속에 품은 생각까지도 죄라는 것입니다. 세상에 마음속으로 죄를 범하지 않은 사람이 과연 몇이나 될까요? 이렇게 따져 본다면 그 어느 누구도 하나님의 절대적인 의에 도달할 수 없다는 것을 알게 될 것입니다. 인간의 노력으로는 하나님의 의를 충족시킬 수 없습니다. 인간의 노력으로 구원을 받으려고 한다면 거기에는 절망밖에 없습니다.

하나님께서 구원의 길을 열어주셨습니다. 인간 편에서는 구원 얻을 길이 없지만, 하나님의 편에서 구원의 길을 열어주셨습니다. 하나님께서 예수 그리스도를 통해 죄로 인해 죽을 수밖에 없는 인간의 문제를 해결해주셨습니다. 예수 그리스도가 대속(代贖) 제물이 되신 것입니다. 대속은 남의 죄를 대신하여 죗값을 치르는 것을 말합니다. 다시 말해, 내가 죄를 지었지만 예수 그리스도께서 대신 벌을 받으셨기에 나를 의로운 자로 대우한다는 것입니다. 대속 사상은 우리에게 익숙하지 않지만, 유대인들에게는 자연스럽고 익숙합니다. 희생제사 제도 덕분입니다. 유대인들은 희생제사를 드림으로써 죄로 인한 죽음을 피하고, 하나님과의 관계를 회복합니다. 제사는 양을 비롯한 율법에서 정한 동물을 잡아 하나님께 제물로 드리는 것입니다. 그렇게 함으로써 사람의 죄가 동물에게 전가되어 대속됨으로 사람은 의롭게 됩니다. 이런 일련의 과정을 거치면서 제사를 드리는 사람은 다음과 같은 진리를 깨닫게 됩니다.

① 죄의 대가: '죄는 그냥 용서되는 것이 아니라 대가를 지불해야 하는구나.'
② 피의 속죄: '죄의 대가로 생명을 바쳐야만 하는 것이구나.'
③ 대속: '가엾은 동물이 나를 대신하여 벌을 받아 죽어가고 있구나.'

유대인이 희생제사를 통해 대속 받은 것처럼, 우리는 예수 그리스도의 십자가 죽음을 통해 죄를 대속 받습니다. 십자가를 깊이 묵상한다면, 유대인과 같은 깨달음을 얻게 될 것입니다. '죄는 대가를 지불해야만 용서될 수 있다, 죄의 대가로 생명을 바쳐야 한다, 예수 그리스도가 우리를 대신하여 죽으셨다.'라는 진리 말입니다. 우리가 십자가를 보고 감격하는 이유가 바로 여기에 있습니다. 교회의 제단마다 세워진 십자가가 상징하는 바도 바로 이것입니다.

믿음으로 의롭게 되는 원리

"그리스도 예수 안에 있는 속량으로 말미암아 하나님의 은혜로 값 없이 의롭다 하심을 얻은 자 되었느니라."(로마서 3장 24절)
"그러므로 사람이 의롭다 하심을 얻는 것은 율법의 행위에 있지 않고 믿음으로 되는 줄 우리가 인정하노라."(로마서 3장 28절)

이 구절들을 설명하면서 '믿음으로 의롭게 되는 원리'에 대하여 정리해보고자 합니다.

① '그리스도 예수 안에 있는 속량으로 말미암아 하나님의 은혜로.'
구원은 하나님이 베푸신 은혜입니다. 은혜란 거저 받는 것, 쉬운 말로 공짜로 받는 것입니다. 하나님께서 독생자 예수 그리스도를 보내어 십자가에 죽게 하심으로써 죄에 해당하는 벌을 대신 받게 하시고, 우리를 거저 구원하셨습니다. 이것이 복음의 핵심입니다. 엄청나게 큰 빚을 진 사람이 어느 날 아침에 일어났더니 빚이 없어졌다는 것입니다. 이 상황을 상상해보십시오. 그 마음이 어떠했겠습니까? 빚 때문에 수없이 많은 밤을 고민했습니다. 죽을까도 생각해봤고, 도망갈까도 생각해봤습니다. 그런데 그 빚이 없어졌다면 '이게 꿈이냐 생시냐' 하면서 자기의 허벅지를 꼬집어보지 않았을까요? 영혼의 빚, 죄의 짐이 공짜로 벗겨졌다는 것입니다.

의인(justification)

②'율법의 행위에 있지 않고 믿음으로 되는 줄 우리가 인정하노라.'

구원은 믿음으로만 받습니다. 아무리 하나님께서 내게 은혜를 베풀었다할지라도 내가 거절하면 그 은혜는 소용이 없습니다. 어떤 사람이 망망대해에서 표류하고 있습니다. 그는 배 위에서 마실 물이 없어 목이 타들어 갑니다. 그때 하늘에 검은 구름이 덮이더니 비가 쏟아집니다. 만일 장대비가 쏟아질지라도 그 비를 받아 마시지 않겠다고 한다면 어떻게 해갈되겠습니까? 빈 그릇에 비를 받아 마셔야만 살아날 수 있지 않겠어요? 하나님의 은혜를 받아들여야 구원을 받습니다.

그러면 의롭다 함을 얻는 '믿음'에는 어떤 요소가 있습니까?

㉠ 하나님의 은혜를 '아는 것'이 중요합니다.

복음의 내용을 알아야 합니다. 알아야 믿을 것이 아닙니까? 따라서 복음의 내용을, 무엇을 믿는지 정확하게 알아야 합니다. 구원의 감격을 유지하려면 반복하여 그 복음의 내용을 확인해야 합니다. 끊임없이 복음의 내용을 묵상해야 합니다. 인생의 경험과 신앙의 연륜에 따라 복음을 이해하는 정도가 달라집니다. 그런 의미에서 성경 공부가 중요한 것입니다. 그렇지 않으면 가슴이 싸늘한 종교인으로 남게 됩니다.

그러나 아는 것만으로 구원을 얻는 것은 아닙니다. 마귀가 예수님을 만났을 때 "아, 나사렛 예수여. 우리가 당신과 무슨 상관이 있나이까? 우리를 멸하러 왔나이까? 나는 당신이 누구인줄 아노니 하나님의 거룩한 자니이다(누가복음 4장 34절)."라고 이야기합니다.[32] 마귀도 예수님이 하나님의 아들이신 줄 알았습니다. 그렇다면 마귀도 구원받았습니까? 결코 그렇지 않습니다.

ⓛ 하나님의 은혜를 '받아들이는 것'이 중요합니다.

알지만 받아들이지 않을 수 있습니다. 지식으로 따지자면, 비교종교학 교수들이 가장 잘 알 것입니다. 그러나 그들 중에서 하나님의 은혜를 받아들이지 않는 이들이 있습니다. 그러면 구원과는 상관이 없습니다.

> "네가 만일 네 입으로 예수를 주로 시인하며 또 하나님께서 그를 죽은 자 가운데서 살리신 것을 네 마음에 믿으면 구원을 받으리라."(로마서 10장 9절)

여기서 '시인하며'라는 말은 '받아들이는 것', '동의하는 것'을 말합니다. 예수님의 죽으심의 필요성, 예수님의 십자가 공로, 예수님의 부활의 능력을 모두 인정하는 것입니다.

ⓒ 하나님의 은혜를 '신뢰하는 것'이 중요합니다.

예수 그리스도의 보혈을 전적으로 의지합니다. 예수 그리스도의 십자가 공로를 전적으로 신뢰합니다. 예수 그리스도께서 십자가 위에서 흘린 피는 다른 사람이 아닌 바로 나를 위한 것임을 의심하지 않습니다. 이처럼 복음을 알고, 받아들이고, 신뢰할 때 구원 사건이 일어납니다.

성경에 나온 한 실례로 이 '구원 얻는 믿음'을 생각해보겠습니다. 민수기 21장에는 출애굽하는 이스라엘 백성들이 하나님을 원망하다가 광야의 불뱀에 물려 죽게 된 사건이 소개되어 있습니다. 모세가 백성들을 위해 하나님께 간구했습니다. 그때 하나님께서 모세에게 그들을 구원할 방법을 가르쳐주셨습니다. "놋뱀을 만들어 장대에 높이 달라. 물린 자마다 그 장대에 달린 뱀을 보기만 하면 살리라." 모세가 놋뱀을 만들어놓고 소리쳤습니다. "하나님께서 우리에게 기쁜 소식을 주셨습니다. 하나님께서 은혜를 베푸셨습니다. 불뱀에 물린 여러분, 고개를 들어 이 놋뱀을 쳐다보기만 하십시오. 그러면 낫습니다. 어서요! 어서요! 쳐다보세요." 그랬는데 무슨 심보인지 쳐다보기만 해도 되는 그 쉬운 일을 하지 않고 죽어가는 사람이 대부분이었습니다. 간혹 그중에는 모세의 말을 듣고, 모세의 말을 전적으로 신뢰하여 고개를 들어 놋뱀을 쳐다보는 사람이 있었습니다. 그들은 구원을 받았습니다. 이처럼 복음을 알고, 받아들이고, 신뢰할 때 우리의 삶에 구원 사건이 일어납니다.

주께서 자기의 죄를 인정하지 아니힐 사람은 행복한 사람입니다. 바울 사도는 롬 4장 5-6절에서 이렇게 말씀하고 있습니다.

> "일을 아니할지라도 경건하지 아니한 자를 의롭다 하시는 이를 믿는 자에게는 그의 믿음을 의로 여기시나니 일한 것이 없이 하나님께 의로 여기심을 받은 사람의 복에 대하여 다윗이 말한바."

경건하지 않지만, 의롭지 않지만, 의롭다고 하셨습니다. 이 기쁨이 얼마나 놀라운지 바울 사도는 '복'이란 단어를 썼습니다. 이어서 나오는 롬 4장 7-8절을 보십시오.

> "불법이 사함을 받고 죄가 가리어짐을 받는 사람들은 복이 있고 주께서 그 죄를 인정하지 아니하실 사람은 복이 있도다 함과 같으니라."

어떤 사람이 행복한 사람입니까? 성경에서는 돈 잘 버는 사람이 행복하다고 하지 않았습니다. 공부 잘하는 사람이 행복하다고 하지 않았습니다. 잘못된 것을 용서받고, 죄가 가려지고, 주께서 자기의 죄를 인정하지 아니할 사람이 행복한 사람이라고 했습니다. 이 행복을 다윗이 경험했고, 이 행복을 바울이 체험했습니다.

의로 여기심

'의인'은 실제로 의로운 것이 아니라 의롭다고 인정받는다는 뜻입니다. 여기서 우리는 이런 신앙적인 의문을 가질 수 있습니다. '예수 그리스도께서 내 죄를 대신하여 죽으셨다는 사실을 받아들이고 확신하였지만 여전히 내 마음속에는 욕망이 꿈틀거리고, 죄성이 남아 있는데, 어떻게 의롭게 되었다고 말할 수 있을까?'라고 말입니다. 의인일지라도 여전히 죄성이 있습니다. 우리는 성경에 나오는 '의로 여김을 받는다.'는 말이 무슨 뜻인지 분명하게 이해할 필요가 있습니다. '의로 여김을 받는다.'는 것은 실제로 의로운 것이 아니라 의롭다고 인정받는다는 뜻입니다.[33] 존 웨슬리는 '의로 여기심'을 이렇게 강조합니다.[34]

> "칭의에 대한 성경적인 명백한 견해는 사면이요 죄의 용서입니다. 그것은 아들의 피로 드러진 화해의 제물 때문에 하나님께서 이제까지 지은 우리의 모든 죄들을 용서하시는(로마서 3장 25절) 아버지 되신 하나님의 행위입니다. 이것이 사도 바울의 편지 전체에 걸쳐 있는 칭의에 대한 자연스러운 설명입니다."

종교 개혁가 마틴 루터는 이 '의롭다고 인정받는다.'는 것을 이렇게 설명했습니다.

> "곧 법적으로 인정되고(forensic), 객관적으로 옷 입혀지며(objective), 우리 밖에서 다가오며 (extra nos: out of us), 낯선 손님 같이 주어진 의(aliena justitia Dei)로 '의로워진 죄인'(simul justus et peccator)을 말한다."[35]

이렇게 설명하면 좀 더 이해가 쉬울까요? 눈이 오면 온 세상이 눈으로 덮입니다. 눈에 덮인 온 세상은 깨끗해 보입니다. 사람들이 아침에 문을 열고 들판을 바라보며 이렇게 말합니다. "참 깨끗하다. 온 세상이 희어졌구나." 그러나 진짜 깨끗할까요? 아닙니다. 그 눈 밑에는 개구리 죽은 것, 떨어진 고무신짝, 개똥, 항아리 깨진 것, 기저귀 버린 것, 모든 지저분한 것이 다 있습니다. 그렇지만 깨끗해 보입니다. 이처럼 신자의 내면엔 아직도 더럽고, 지저분한 죄성이 있습니다. 그러나 하나님은 예수 그리스도의 피로 덮인 우리를 보고 '참 깨끗하다'라고 여기십니다. 하나님께서 죄인인 우리를 의인으로 인정해주시는 것입니다.

많은 그리스도인이 구원의 확신에서 흔들리는 이유가 이 '의인'이란 말을 잘 이해하지 못하기 때문입니다. "내 생각을 보면, 내 말을 보면, 내 행동을 보면 여전히 죄를 짓고 있는데, 어떻게 내가 의롭게 되었다고 말할 수가 있는가? 나는 아직도 멀었어!"라고 생각합니다. 아닙니다. 사탄의 속임수에 속지 마십시오. 하나님이 우리를 의롭다고 하신 것은, 우리가 본질상 의롭기 때문이 아닙니다. 죄인이지만 또 죄 지을 가능성이 남아있지만, 의롭다고 봐 주기에 의로운 것입니다. 존 웨슬리는 '의인'을 '성화'라는 개념과 비교하여 이렇게 설명합니다.

> "'의롭다 함'이 무엇입니까? 의롭다 함은 실제로 올바르고 의로운 존재가 되었다는 것이 아닙니다. 그것은 성화입니다……. 즉 의롭다 함은 하나님께서 우리를 위해(for us) 그의 아들을 통하여 행해 주신 것을 의미하며, 성화는 하나님께서 그의 성령을 통해 우리 속에(in us) 해 주시는 것을 의미합니다." [36]

의인은 우리로 하여금 성화의 열망을 갖게 합니다. 의인은 우리를 성화의 길에 들어서게 합니다.

08

성화(sanctification)[37]

성화(sanctification)란 무엇입니까? 성화란 성령의 은총으로 우리의 본성이 변화되어 예수님을 닮아가는 것입니다. 성화는 의롭다고 인정받는 의인(義認)에서 실제로 의인(義人)이 되어가는 과정을 말합니다. 한국 교회가 사회로부터 외면을 받게 된 이유 중 하나는 성도들이 도덕적으로 실망스러운 모습을 자주 그들에게 보였기 때문입니다. 자기가 말한 대로 살지 못하는 위선이 사회로부터 강한 거부감을 불러왔습니다. 웨슬리의 성화 교리는 바로 이런 한국 교회의 약점을 극복하기에 필요합니다. 성도는 자신의 의가 아닌 그리스도의 의로 인해 구원을 받지만, 구원을 받은 후 성령의 일하심을 통해 의지의 자발적인 순종으로 완전에 이르기까지 성화를 추구하며 살아야 합니다.

1738년 5월 24일 일기에 존 웨슬리는 자신의 올더스게이트 회심에 대하여 이렇게 적고 있습니다.

> "저녁에는 별로 마음이 내키지 않은 채 올더스게이트 가에 있는 어느 모임에 갔는데 거기서 한 사람이 루터의 로마서 주석의 서문을 읽고 있었다. 9시 15분 전쯤 되어서 그가 계속하여 그리스도를 믿는 믿음을 통하여 하나님께서 마음에 변화를 일으키시는 역사를 하신다고 설명을 하고 있었는데 내 마음이 이상하게 뜨거워짐을 느꼈다. 나는 구원을 받기 위하여 그리스도를, 오로지 그리스도만을 믿는다고 느꼈다. 그뿐만 아니라 주께서 내 모든 죄를 씻으시고 나를 죄와 사망의 법에서 구원하셨다는 확신이 생겼다." [38]

이 올더스게이트 회심은 존 웨슬리의 생애뿐 아니라, 감리교 운동에 지대한 영향을 미쳤습니다. 구원이 나의 공로나 노력이 아닌, 오직 그리스도에 대한 믿음으로 성취된다는 '이신득의'는 개혁교회의 핵심 교리입니다. 이로 인해 존 웨슬리를 비롯한 감리교도들은 개신교라는 범주 안에 속하게 되었습니다. 그러나 존 웨슬리는 당시 개혁주의의 사상이 극단으로 치우치는 정적주의(인간은 구원을 위해 어떤 노력도 할 수 없다.)를 보며, 하나님의 주권과 은혜를 강조하면서도 그리스도인으로서 책임을 강조해야 할 필요를 느꼈습니다. '신자는 자신의 의가 아닌 그리스도의 의로 인해 구원을 받지만, 구원을 받은 후 성령의 일하심을 통해 의지의 자발적인 순종으로 완전에 이르기까지 성화를 추구하며 살아야 한다.'고 강조했습니다.

영적인 지체아

그리스도인은 성화되어야 합니다.[39] 성경에 보면, 그리스도인의 인격이 성화되어야 할 것을 강조하는 말씀이 많이 나옵니다.

"우리가 하나님의 아들을 믿는 것과 아는 일에 하나가 되어 온전한 사람을 이루어 그리스도의 장성한 분량이 충만한 데까지 이르리니."(에베소서 4장 13절)

"오직 사랑 안에서 참된 것을 하여 범사에 그에게까지 자랄지라. 그는 머리니 곧 그리스도라."(에베소서 4장 15절)

"내가 이미 얻었다 함도 아니요 온전히 이루었다 함도 아니라 오직 내가 그리스도 예수께 잡힌바 된 그것을 잡으려고 달려가노라."(빌립보서 3장 12절)

"오직 우리 주 곧 구주 예수 그리스도의 은혜와 그를 아는 지식에서 자라 가라 영광이 이제와 영원한 날까지 그에게 있을지어다."(베드로후서 3장 18절)

아이를 낳았는데 신체적·정신적으로 제대로 성장하지 못한다고 생각해보십시오. 이런 아이를 가진 부모님의 마음이 얼마나 아플까요? 우리 육체가 제때 온전히 성장해야 하듯이 영적으로도 마찬가지입니다. 그리스도인이 시간이 흘러도 믿음의 성장을 하지 않으면, 인격의 성장을 하지 않으면, 영적 지체아입니다. 얼마나 하나님께서 안타까워하실지 모릅니다. 우리는 반드시 성장해야 합니다. 그리고 성화되어야 합니다. 그래서 '작은 예수'가 되어가야 합니다. 존 웨슬리에게 있어서 회개는 종교의 현관(porch)이요, 의인은 종교의 문(door)이라면 성화는 종교 자체(religion itself)입니다.

의인(義認)과 성화는 어떻게 다릅니까? [40]

첫째, 의인은 우리를 위해(for us) 객관적으로 그리스도의 십자가의 은총에 의해 주어지는 것이지만, 성화는 우리 안에서(in us) 주관적으로 성령의 은총으로 우리의 본성이 변화되는 것입니다. 의인(義認)이 의롭다고 인정받는 법적인 것이라면, 성화는 의인(義人)이 되어가는 것입니다. 그래서 의인은 순간적(momentary)이라면, 성화는 평생을 통해 점진적으로(gradual) 자라는 것입니다.

둘째, 의인이 용서함 받는 것이라면, 성화는 사랑이 우리 마음에 성령으로 부어지는 것입니다. 의인이 예수 그리스도의 십자가를 통하여 과거의 죄와 허물을 용서 받는 것이라면, 성화는 성령을 통하여 하나님의 사랑이 부어져서 은혜에서 은혜로 날마다 성장하여 완전한 사랑에 이르기까지 자라는 것입니다.

셋째, 의인이 하나님과의 관계를 회복하는 것이라면, 성화는 하나님의 형상을 회복하는 것입니다. 의인이 하나님과 원수 된 관계에서 화해하여 하나님의 자녀로 용납되는 것이라면, 성화는 한걸음 더 나아가 죄악된 본성이 변하여 하나님의 도덕성을 회복하는 것입니다.

넷째, 의인이 행위의 죄들을 용서 받는 것이라면 성화는 내면적인 죄를 사함 받는 것입니다. 의인이 되는 순간 과거에 지은 모든 행위의 죄들은 사함 받지만, 죄의 뿌리, 죄 지을 가능성 곧 내면적인 죄는 여전히 남아서 신자들을 괴롭힙니다. 그런데 성화는 수련을 통하여 모든 교만, 고집, 분노, 불신앙, 욕망 등의 내적 죄악성을 뿌리 뽑습니다. 죽기 전에 모든 내적 죄악성이 뿌리 뽑힐 수 있다고 웨슬리는 믿습니다.

다섯째, 의인은 오직 믿음으로만(sola fide) 가능하지만, 성화는 성령의 도움으로 인간의 자발적인 행위가 있어야 합니다. 웨슬리는 누가복음 19장에 나오는 예수님과 삭개오의 만남을 예로 들면서 인간의 자발적인 행위를 강조했습니다. 예수님은 삭개오를 만나려 찾아오셨습니다.

"예수께서 여리고로 들어가 지나가시더라."(누가복음 19장 1절)

그러나 그것만으로 만남이 이뤄지지 않았습니다. 예수님을 보기 위하여 삭개오가 돌무화과나무에 올라가야만 했습니다.

> "앞으로 달려가서 보기 위하여 돌무화과나무에 올라가니 이는 예수께서 그리로 지나가시게 됨이러라."(누가복음 19장 4절)

예수님이 여리고로 들어오심과 삭개오의 돌무화과나무에 올라가는 자발적인 행위가 합쳐져서 예수님과의 만남이 이뤄졌습니다. 이것을 '복음적 신인 협동설'이라고 하지요. 존 웨슬리는 "내 아버지께서 이제까지 일하시니 나도 일한다."(요한복음 5장 17절)를 인용하면서 성령이 일하시기에 (성령:100%), 나도 열심히 일할 수 있고(can), 열심히 일해야만 한다고(must) 인간의 선행(인간:100%)을 강조했습니다.[41]

너희 구원을 이루라

존 웨슬리의 설교, "우리 자신의 구원을 이룸에 관하여(On Working out Our Own Salvation)"에 나타난 성화에 대한 가르침을 살펴보겠습니다. 존 웨슬리는 1785년에 이 설교를 했습니다. 설교 본문은 빌립보서 2장 12-13절입니다.

> "그러므로 나의 사랑하는 자들아 너희가 나 있을 때뿐 아니라 더욱 지금 나 없을 때에도 항상 복종하여 두렵고 떨림으로 너희 구원을 이루라. 너희 안에서 행하시는 이는 하나님이시니 자기의 기쁘신 뜻을 위하여 너희에게 소원을 두고 행하게 하시나니."

존 웨슬리는 이 설교에서 세 가지를 강조했습니다.[42] 이제 하나씩 살펴보겠습니다.

첫째, 우리가 잊어서는 안 될 중요한 진리는 "우리 안에서 행하시는 이는 하나님이시니 자기의 기쁘신 뜻을 위하여 너희로 소원을 두고 행하게 하신다."는 것입니다. 여기서 '소원하시다.'(to will)는 말은 '모든 선한 의욕'을 뜻합니다. 또 '행하시다.'(to do)는 말은 '위로부터 오는 모든 능력, 모든 의를 행하는 능력 곧 선한 말과 행실을 하도록 준비시키는 에너지 전부'를 말합니다. 그러므로 이 구절의 의미는, 하나님께서 인간에게 모든 선한 의욕과 능력을 불어넣어주셔서 그 선한 의욕이 선한 결과를 가져오게 하신다는 것입니다.

둘째, 우리 인간이 해야 하는 노력은 "두렵고 떨림으로 너희 구원을 이루라."는 것입니다.[43] '너희 구원을 이루라'는 말은 '너희 자신이 이 일을 수행하지 않으면 그 일은 언제까지 해결되지 않는다.'는 뜻입니다. 구원은 의롭다 함을 받는(義認) 그 순간에 시작됩니다. 그리고 그 순간부터 구원은 마치 "겨자씨 한 알이 모든 씨보다 작은 것이지만 나중에는 많은 가지들을 내어 큰 나무가 되는 것처럼"(마가복음 4장 30-32절), 우리의 마음이 모든 죄로부터 씻김을 받고, 하나님과 인간을 향한 순전한 사랑으로 가득할 때까지 점진적으로 자라는 것입니다.

그렇다면 우리 자신의 구원을 이룸에 있어서 성경이 요구하는 것은 무엇입니까?

① 모든 악은 모양이라도 버리십시오.
② 선을 행하십시오.
③ 가족 기도와 하나님께 부르짖는 일에 힘을 쏟으십시오.
④ 은밀히 금식하십시오.
⑤ 성경을 상고하십시오.
⑥ 성만찬에 참석하여 주의 구원을 기념하십시오.
⑦ 하나님의 자녀들과 사귐을 즐기십시오. (성도의 교제)
⑧ 모든 일에 은혜 가운데 절제하십시오.

셋째, 앞의 두 가지 연결에서 얻어지는 결론은 "너희 안에서 행하시는 이는 하나님이시니." 그러므로 "너희 자신의 구원을 성취하라."는 것입니다. 즉 '하나님께서 일하시니 그러므로 너희도 일하라.'는 것입니다. 주님은 이렇게 말씀하셨습니다.

"나를 떠나서는 너희가 아무 것도 할 수 없음이라."(요한복음 15장 5절)

주님을 떠나서 우리는 아무 것도 할 수 없습니다. 그렇지만 성도는 이렇게 대답해야 합니다.

"내게 능력주시는 자 안에서 내가 모든 것을 할 수 있느니라."(빌립보서 4장 13절)

정말 아무 것도 할 능력이 없다면 그것은 우리가 '능력 주시는 자' 안에 있지 않기 때문입니다. 그리고 '능력 주시는 자' 안에 있지 않다면 그것은 우리가 구원의 자리에 있지 않다는 것입니다. 우리는 능력 주시는 그리스도를 통하여 무엇이든지 할 수 있습니다. 성 어거스틴은 "Qui fecit nos sine nobis, non salvabit nos sine nobis"라고 말하였는데, 그 말은 "우리(인간) 없이 우리를 만드신 분께서는 우리 없이 우리를 구원하시지 않으실 것이다."라는 뜻입니다. "믿음의 선한 싸움을 싸워 영생을 취하지 않으면", "좁은 문으로 들어가기를 힘쓰지 않으면", "자기를 부인하고 매일 자기의 십자가를 지지 않으면", "부르심과 택하심을 굳게 하기 위하여 모든 힘을 기울이지 않으면", 하나님은 인간을 구원하지 않으실 것입니다.

'구원파'

이단인 '구원파'는 성화를 요구하지 않습니다. '구원파'가 '성화' 문제를 어떻게 다루는지 살펴보겠습니다. 한국 교회로부터 이단으로 정죄받은 '구원파'에 대하여 들어보셨을 것입니다. 구원파라 함은 가깝게는 2014년 4월 16일에 발생하여 온 국민을 가슴 아프게 했던 '세월호 사건', 멀게는 1987년 세간을 시끄럽게 했던 '오대양 집단 변사 사건'을 떠올리게 될 것입니다. 구원파의 구원관은 "한 번 구원은 영원한 구원이다."라는 말로 귀결됩니다. 일단 깨달음으로 구원을 받으면 그 구원은 어떤 경우에도 취소되지 않는다고 가르칩니다. 권신찬은 이렇게 가르쳤습니다.

> "우리가 구원받았다고 하는 것은 영이 받은 것이다. 구원 이후의 죄가 영혼의 구원 이후에는 영향을 미치지 않는다. 구원은 영이 받았으므로 육으로 하는 것은 관계치 않으며, 한 번 깨달았으면 다시 범죄가 없고, 죄를 지어도 죄가 되지 않는다." [44]

일단 구원받았으면 육신으로 어떻게 생활하든 관계없다고 주장하는 것은, 실제 삶의 영역에 있어서 '도덕폐기론'과 '성화무용론'으로 이어진다는 점에서 매우 위험합니다. 구원파는 거짓말, 다툼, 음란, 살인 등을 행하고도 일말의 죄책감과 수치심을 갖지 않습니다. 오히려 죄의식이 없어야 구원받은 사람이고, 죄의식을 가진 사람은 구원받지 못한 사람이라고 강조합니다.[45] 따라서 구원파는 칭의를 경험한 이후부터는 변화된 삶도, 성화도 요구하지 않습니다.

성화는 '작은 예수'가 되는 것입니다. 필자의 지인이 'Are you Jesus?'라는 글을 보내주었습니다. 폴이라고 하는 한 회사원이 뉴욕에서 중요한 미팅을 마치고 자기 팀 동료와 함께 공항으로 가려고 거리로 나왔습니다. 그런데 금요일 오후 늦은 시간이어서 교통체증으로 택시 잡기가 여간 어렵지 않았습니다. 그런데 정말 기적 같이 빈 택시 한 대가 그들에게 다가오고 있었습니다. 택시를 보는 순간 동료들이 쏜살 같이 달려가 그 택시를 잡아탔습니다. 그런데 문제가 발생했습니다. 급히 달려가는 바람에 길가에서 장사하고 있는 노점상의 야채 과일 박스를 차버리고 말았습니다. 과일과 야채가 바닥으로 굴러 떨어졌습니다. 폴의 일행은 이 일에 개의하지 않고 택시를 탔습니다. 폴은 택시를 타지 않고 그 자리에 멈춰 섰습니다. 택시 안의 동료들이 외쳤습니다. "빨리 타. 이 택시 타지 않으면 비행기를 놓친다고!" 그럼에도 불구하고 폴은 '먼저 가라.'고 일행을 떠나보냈습니다. 노점상 할머니에게 다가갔는데 그 할머니는 울고 있었습니다. 자세히 살펴봤더니 할머니는 앞을 잘 보지 못하는 시각장애자였습니다. 눈이 성한 사람이라면 바닥에 흩어진 과일과 야채를 주워 담으면 그만일 턴데, 앞을 보지 못하니까 어떻게 주워 담을 수 있겠습니까? 그래서 앉아서 울고 계신 할머니를 폴이 위로해드리면서 땅바닥에 떨어진 야채와 과일을 하나씩 줍기 시작했습니다. 많은 사람늘이 지나갔지만 다늘 자기 갈 길이 바쁜지 아무도 노점상 시각장애인 할머니의 울음이나 폴의 행동에 관심을 갖지 않았습니다. 폴이 야채와 과일을 다 정돈한 후에 지갑을 꺼내 돈을 할머니 손에 쥐어주면서 이렇게 말했습니다. "할머니, 이 돈이면 손해 보신 것이 충분히 보상될 것 같습니다." 그랬더니 그 할머니가 이렇게 물었다고 합니다. "Are you Jesus?" 이 말을 듣고 당황한 폴이 "나는 절대 예수가 아닙니다."라고 대답했습니다. 그때 시각장애인 할머니가 아니라면서 계속 이렇게 말했습니다. "조금 전 노점 가판대가 넘어지고 과일과 야채가 땅에 떨어질 때 제가 도움을 요청할 분은 예수님 한 분밖에 없었습니다. 그래서 저는 예수님께 이렇게 기도했습니다. 'Jesus, please come to help me.' 그랬는데 기도의 응답처럼 당신이 와서 나를 도와주었으니까, You must be Jesus." 그날 밤 폴은 뉴욕 호텔에 머물면서 조용히 자신에게 이런 질문을 던졌습니다. "When was the last time someone confused you for Jesus."

필자는 이 글을 읽으면서 자신에게 물어보았습니다. '누군가 나를 예수님 같다고 한 적이 있는가?' 아무리 생각해봐도 아무도 저를 보고 예수님 같다고 말한 적이 없었습니다. '성화'라는 것은 '작은 예수'가 되는 것을 말합니다.

09

완전 성화(Christian perfection)[46]

'그리스도인의 완전'이란 하나님을 사랑하고, 이웃을 사랑하는 '사랑이 충만한 상태'를 말합니다. 오늘날 '완전 성화'는 신앙생활에서 잊혀진 단어인지 모르지만, 완전 성화는 '신앙생활의 본질'입니다. 완전 성화는 하나님이 성도들을 향한 최고의 소원이며, 기대입니다. 다음은 '그리스도인의 완전'에 대한 성경 말씀입니다. 몇 군데 소개해드리겠습니다.

"그러므로 하늘에 계신 너희 아버지의 온전하심과 같이 너희도 온전하라."(마태복음 5장 48절)

"너희가 사랑 가운데서 뿌리가 박히고 터가 굳어져서 능히 모든 성도와 함께 지식에 넘치는 그리스도의 사랑을 알고 그 너비와 길이와 높이와 깊이가 어떠함을 깨달아 하나님의 모든 충만하신 것으로 너희에게 충만하게 하시기를 구하노라."(에베소서 3장 17-19절)

"평강의 하나님이 친히 너희를 온전히 거룩하게 하시고 또 너희 온 영과 혼과 몸이 우리 주 예수 그리스도께서 강림하실 때에 흠 없게 보존되기를 원하노라."(데살로니가전서 5장 23절)

완전한 사랑

존 웨슬리는 그리스도인의 완전을 '완전한 사랑'이라는 용어로 정의하고 가르쳤습니다."[47] 에베소서 4장 15절에 보면, "……범사에 그에게까지 자랄지라. 그는 머리니 곧 그리스도라"는 말씀이 있습니다. '예수 그리스도에게까지 자란다.'는 것은 무슨 뜻입니까? 그것은 예수님처럼 '하나님과 인간을 향한 순전한 사랑'으로 가득 찰 때까지 성장하라는 의미입니다. 완전 성화의 본질은 '온전한 사랑' 혹은 '순수한 사랑'입니다.

① 하나님을 사랑하십시오.
하나님을 사랑한다는 것은 하나님 앞에 머무름을 좋아하고, 그의 뜻 안에서 즐거워하고, 끊임없이 그의 기쁨이 되려고 열망하는 것을 말합니다. 존 웨슬리는 이렇게 가르쳤습니다.[48]

"그분의 이름을 찬양하기 위해서가 아니면 살려고 소원하지 마십시오. 여러분의 모든 생각과 말과 일이 하나님의 영광을 위한 것이 되도록 하십시오. 여러분의 영혼은 하나님을 위해서가 아니면 아무 것도 사랑하지 않을 만큼 하나님께 대한 전적인 사랑으로 충만하게 하십시오. 마음에 순수한 의도를 품고, 모든 행동에 있어서 하나님의 영광만을 꾸준히 염두에 두십시오."

'나의 하나님, 당신은 나의 전부입니다.' '나는 하나님 외에는 아무것도 바라지 않습니다.' '나는 하나님 한 분만으로 행복합니다.' '하나님, 당신은 나의 영광, 나의 환희, 나의 기쁨입니다.' '나의 사랑, 하나님께 예배드리는 것이 내 삶의 최고의 목적입니다.' 이렇게 고백할 수 있다면 하나님에 대한 완전한 사랑의 상태에 이른 것입니다.

② 이웃을 사랑하십시오.
오늘처럼 이기주의적인 시대에 '이웃 사랑'을 말한다는 것은 시대착오적인 것 같습니다. 돈이 모든 가치의 중심에 서 있습니다. 이기적이 되고 말았습니다. 그리스도인조차도 알게 모르게 이런 가치관에 깊이 빠져있습니다. 그렇게 살다 보니 사람을 소중히 여기는 인간 중심의 가치관을 잃었습니다. 사람을 사랑하십시오. 존 웨슬리는 이렇게 말했습니다.

"종교에 있어서 이것보다 더 높은 것은 없다. 아니, 결국 이것밖에는 없다. 만일 당신이 더 많은 사랑 이외의 그 무엇을 찾고 있다면 당신은 표적을 멀리 벗어나서 찾고 있는 것이요, 왕도로부터 이탈하고 있는 것이다. 그런즉 하나님이 당신을 모든 죄에서 구원해 내신 그 순간부터 당신이 더 얻으려고 목표할 것은 고린도전서 13장에 설명된 사랑 외에는 아무 것도 없다고 마음에 작정하라."⁴⁹

고린도전서 13장의 사랑을 실천할 수 있다면 이웃에 대한 완전한 사랑의 상태에 이른 것입니다.

그리스도인의 완전 성화에 대하여 구체적으로 정의해보겠습니다.

① 그리스도인의 완전은 종교의 진수(religion itself)입니다.

존 웨슬리는 그리스도인의 완전 교리를 가장 중요하게 여겼으며, 그것을 종교의 진수라고까지 말했습니다. 존 웨슬리는 '어떻게 그리스도인이 하나님의 자녀로서 이 세상에서 살아가야 합니까?'라는 질문에 대하여 이렇게 대답했습니다. "성도는 '그리스도인의 완전' 즉 온전한 성화를 목적으로 살아가야 한다."라고 했습니다.

② 그리스도인의 완전은 의도의 순수성에서의 완전입니다.

존 웨슬리는 이렇게 말했습니다. "……그것은 의도의 순수성(purity of intention)이요. …… 그것은 온갖 더러움과 모든 내적, 외적 불결을 탈피하는 마음의 할례이다."⁵⁰ 그리스도인의 완전이란 지식에서의 완전함을 뜻하는 것이 아닙니다. 인간은 무지나 잘못으로부터, 혹은 육체적인 한계성으로부터 완전할 수 없습니다. 그러나 무지나 잘못, 육체적인 한계성으로부터 불완전할지라도 동기나 의도에서는 순수할 수 있습니다. 웨슬리의 그리스도인의 완전이란 동기에서의 완전 곧 의도의 순수성을 의미합니다.

③ 그리스도인의 완전이란 순간순간 주를 의지함으로써 유지되는 완전입니다.

성결한 신자라 할지라도 인간은 자신의 연약성에 의하여 무의식적으로 실수하여 하나님의 법을 범하게 될 수 있습니다. 따라서 인간은 순간순간 예수 그리스도의 대속의 보혈을 필요로 합니다. 아무리 완전한 자라도 "우리의 죄를 사하여 주시옵고"라는 주의 기도는 여전히 필요합니다. 웨슬리는 "그러므로 사람은 가장 완전한 자라 할지라도 그들의 배반과 결함, 판단과 실행에서의 오류와 여러 가지 허물로부터 구속받기 위하여 대제사장으로서의 그리스도를 필요로 한다."[51]라고 말했습니다.

④ 그리스도인의 완전이란 그 성격상 사회적인 성결을 포함합니다.

하나님을 사랑한다면 하나님께서 원하시는 일을 하는 것이 당연합니다. 그러므로 감리교 운동은 사회적입니다. 존 웨슬리는 당시의 노예 문제, 감옥의 상태, 또는 산업 현장에서 가진 자들의 착취 행위를 직시하고 개선하는 데에 주저하지 않았습니다. 이것을 '사회적 성화'라고 말합니다.

⑤ 그리스도인의 완전은 이 세상에서 경험될 수 있는 것입니다.[52]

내적 성화는 사람이 의롭다 하심을 받는 순간(義認)에 시작됩니다. 신자는 의롭다 하심을 받는 순간부터 점진적으로 죄에 대하여 죽고 은혜 안에서 자라가게 됩니다. 존 웨슬리는 모든 신자를 향하여 이 온전한 성화 곧 그리스도의 완전으로 나아가라고 권고했습니다. "천주교인들은 말하기를 온전한 성화는 연옥에서 불로 연단을 받은 다음에 얻을 수 있다고 합니다. 칼빈주의자들은 말하기를, 온전한 성화는 영혼이 육을 떠날 때야 비로소 얻어질 것이라고 합니다. 그러나 감리교도들은 이것을 우리가 죽기 전에 얻을 수 있다고 말합니다. 왜냐하면 '네 마음을 다하여 하나님을 사랑하라.'라는 명령은 죽은 자에게 한 것이 아니라 산 자에게 한 것이기 때문입니다."

항상 기뻐하라. 쉬지 말고 기도하라. 범사에 감사하라

존 웨슬리가 그리스도의 완전에 대한 증거로 지적한 말씀은 데살로니가전서 5장 16-18절입니다.

> "항상 기뻐하라. 쉬지 말고 기도하라. 범사에 감사하라. 이것이 그리스도 예수 안에서 너희를 향하신 하나님의 뜻이니라."

이것은 완전 성화를 체험한 성도들의 여러 증거 중 가장 확실한 증거입니다.

① '항상 기뻐하라.'
그리스도인의 완전에 이른 사람의 특징은 '항상 기뻐하는 것'입니다. 사도 바울은 이런 고백을 합니다.

> "내가 궁핍하므로 말하는 것이 아니라 어떠한 형편에든지 내가 자족하기를 배웠노니, 내가 비천에 처할 줄도 알고 풍부에 처할 줄도 알아 모든 일 곧 배부름과 배고픔과 풍부와 궁핍에도 처할 줄 아는 일체의 비결을 배웠노라." (빌립보서 4장 11-12절)

무슨 말씀입니까? 바울 사도는 배부를 때나 배고플 때나 풍부할 때나 궁핍할 때나 어떠한 형편에든지 자족한다고 했습니다. 바울의 마음 속에 외부 상황에 관계없는 기쁨이 있다는 것입니다. 주위로부터 "뭐가 그렇게 좋으세요? 참, 이상도 하지. 어떻게 그런 상황에서 기쁨을 잃지 않으세요?"라는 칭찬을 듣는 그리스도인이 있습니다. 그리스도인의 완전에 이른 사람의 특징은 '항상 기뻐하는 것'입니다.

② '쉬지 말고 기도하라.'
그리스도인의 완전에 이른 사람의 특징은 쉬지 않고 기도하는 것입니다. 존 웨슬리의 가르침입니다.

"그의 마음은 언제나 어디서나 하나님을 향해 있다. 어느 누구도 그 무엇도 그가 이렇게 하는 것을 결코 방해하지 못하며, 중단시킬 수 없다. 홀로 있거나 누구와 함께 있을 때, 한가한 때나 일할 때나 대화할 때, 그의 마음은 늘 주님과 함께 있다. 자리에 눕든지 일어나든지 그의 모든 생각 속에 하나님이 계시다. 그의 영혼의 시선은 하나님께 고정되어 있어 어디서나 '보이지 않는 그분을 보고' 있으므로, 그는 계속 하나님과 동행한다." [53]

기도함으로써 불안을 극복할 수 있습니다. 큰 시험에 들었다하더라도 '주님!'이라고 한 번만 간절히 부르면 영적인 평안을 얻을 수 있습니다. '쉬지 말고 기도하라.'는 하나님의 명령은 육체가 숨을 쉬지 않으면 살아갈 수 없는 것처럼 영혼은 기도 없이 살아갈 수 없음을 가르친 말씀입니다. 그리스도인의 완전에 이른 사람의 특징은 쉬지 않고 기도하는 것입니다.

③ '범사에 감사하라.'

그리스도인의 완전에 이른 사람의 특징은 범사에 감사합니다. 존 웨슬리의 가르침을 들어보십시오.[54]

"그러므로 그는 하나님으로부터 모든 것을 기쁘게 받으며 말하기를, '주님의 뜻은 선하십니다.' 하며, 그가 주시든지 빼앗아 가시든지 한결같이 주의 이름을 찬송한다. 그는 평안할 때나 괴로울 때나, 병 들었을 때나 건강할 때나, 살든지 죽든지, 모든 것을 선을 위하여 베푸시는 하나님께 마음 깊은 곳으로부터 감사를 드린다. 그는 '신실하신 창조주의 손에', 곧 그분의 손길에 자기의 육체와 영혼을 전적으로 의탁한다. 그러기에 그는 '자기를 돌보시는 그분께 자기의 모든 염려를 다 맡겨버리고', '구할 것을 감사함으로 하나님께 아뢴' 후에 아무 것도 불안해하거나 염려하지 않는다."

평안할 때나 괴로울 때나, 병 들었을 때나 건강할 때나, 살든지 죽든지, 모든 것에 대하여 하나님께 마음 깊은 곳으로부터 감사를 드립니다. 하나님의 손길에 우리의 육체와 영혼을 전적으로 위탁합니다. 우리를 돌보시는 하나님께 모든 염려를 다 맡기고, '구할 것을 감사함으로 하나님께 아뢴' 후에 '범사에' 하나님을 의지하면서, 아무것도 불안해하거나 염려하지 않습니다. 그리스도인의 안전에 이른 사람의 특징은 범사에 감사하는 것입니다.

짧은 인사 한 마디

완전 성화를 삶에 적용한 예로 친구가 보내준 글을 소개해드립니다. 냉동식품 가공 공장에서 일하는 한 여직원은 어느 날 퇴근하기 전 늘 하던 대로 냉동 창고에 들어가 재고량을 점검을 하고 있었습니다. 그런데 갑자기 '쾅!' 하고 문이 저절로 닫혀버렸습니다. 우리도 문이 저절로 닫히는 경험을 하잖아요? 깜짝 놀란 그녀는 목이 터지도록 소리치며 도움을 청했지만, 문 밖으로부터 아무런 응답을 받지 못했습니다. 무서운 정적이 흐르는 가운데, 그녀는 '내가 여기에서 이렇게 얼어 죽는 건가?' 생각하며 절망감에 울기 시작했습니다. 5시간이나 지났지만 여전히 아무런 기척도 없었습니다. 여직원의 몸은 이미 감각이 없을 정도로 얼어 있었습니다. 그때, 냉동 창고 문틈으로 빛이 들어오면서 누군가 문을 열었습니다. 자세히 보니 뜻밖에도 경비원 아저씨가 서 있었습니다. 그렇게 기적적으로 구조되고 난 후, 그녀는 경비원 아저씨에게 어떻게 자기가 거기에 있는 줄 알았는지 물어봤습니다. 경비원 아저씨가 냉동 창고 문을 연 건 정말 뜻밖의 일이었으니까요. 경비원 아저씨는, 자기가 공장에 온 지 35년이 됐지만 그 여직원 말고는 누구도 인사하는 사람이 없었다고 말했습니다. 그녀는 늘 아침에 출근하면서 "안녕하세요?" 하고, 또 퇴근해서 집에 돌아갈 때도 "수고하세요!"라며 인사를 건넸습니다. 그런데 그날따라 퇴근 시간이 됐는데도 그녀의 모습이 보이지 않자, 경비원 아저씨는 이상하다는 생각이 들어 공장 안을 여기저기 찾아다니다가 냉동 창고까지 확인해봤던 것입니다. 경비원 아저씨는 그녀에게, "사람들은 모두 나를 별 볼 일 없는 사람으로 대했지만, 당신은 매일 나에게 인사를 해주니 늘 당신이 기다려졌어요. 내가 그래도 사람대접을 받고 있구나 하고 느꼈거든요"라고 말했습니다. 날마다 건넨 그 짧은 인사 한마디가 자기의 생명을 구했던 것입니다. '이런 삶의 모습이 완전 성화의 표징이 아닐까?'라는 생각이 들었습니다.

10

성화 수련과 소그룹(속회)

성령은 '성화 수련(discipline)'을 통하여 성도들을 성화시킵니다. 성령은 성화 수련을 하지 않는 성도를 성화시킬 수 없습니다. 이런 내용의 글을 신문 칼럼에서 봤습니다.[55] "출산한 엄마는 '아기 의식'이 강력해진다. 아기 의식은 출산했다는 행위 하나로 생기지 않는다. 매일 기저귀를 갈아주고, 하루에 10번도 넘게 젖을 물리며, 아기와 눈을 맞추는 일상이 반복돼야 한다. 그래야 엄마 안에 아기 의식이 자라게 된다. 엄마는 무한 반복되는 사랑의 연습과 훈련을 통해 아기 의식이 강해지는 것이다." 성화 수련도 마찬가지라고 생각합니다. 일주일에 단 하루 교회와서 예배드린다고 성화되는 것은 아닙니다. 매일 매순간 성화 수련을 해야 합니다.

이사야 5장 1-7절은 존 웨슬리가 1748년부터 1788년까지 14차례 이상 설교할 정도로 사랑했던 '포도원의 노래'입니다. 웨슬리는 이 본문으로 아직까지 성화의 삶을 살지 못하고, 실망스러운 열매를 맺고 있는 신도들을 경계하고 있습니다. 하나님은 이사야 선지자를 통하여 말씀하고 있습니다. "농부가 포도원을 일구었습니다. 땅을 파서 돌을 제하고, 좋은 포도나무를 심었습니다. 망대를 세우고, 술틀을 파서 그럴듯한 포도원을 만들었습니다. 좋은 포도를 맺기를 기대했습니다. 그런데 포도철이 되어 보니까 사람이 못 먹을 들포도를 맺었습니다. 농부는 실망했습니다. 그래서 울타리를 헐고, 짐승의 놀이터로 만들어 포도원을 망가뜨렸습니다." 존 웨슬리는 질문합니다. "왜 여러분은 아직도 들포도를 맺고 있습니까? 어떻게 변명하려고 하십니까?"[56] 웨슬리 자신도 1738년부터 1739년까지 영적 성장을 위한 자기 점검표(self-reflection)를 만들어 부지런히 자신의 성화 수련에 힘썼습니다.[57]

은총의 수단

성화 수련을 위하여 '은총의 수단'을 이용하십시오. 존 웨슬리는 성도들이 성화 수련을 위하여 부단히 '은총의 수단'을 이용해야 할 것을 권면했습니다. 존 웨슬리는 은총의 수단을 세 가지로 분류했습니다. 그것들은 일반적인 은총의 수단(general means of grace), 제도적인 은총의 수단(instituted means of grace), 상황적인 은총의 수단(prudential means of grace)입니다. 이제 그 내용을 설명하겠습니다.

1) 일반적인 은총의 수단(general means of grace) [58]

일반적인 은총의 수단이란 하나님께서 성화를 위해 일반적으로 성경에서 말씀하신 수단입니다.

① 모든 계명을 준수하는 것

율법과 계명의 역할은 단순히 죄를 깨닫게 하여 예수 그리스도께로 인도하는 것만이 아니라 성화를 완성시키는 것입니다.

② 자기를 부인하는 것

자기를 부인하는 것은 하나님의 뜻을 거스르는 자기의 의지를 부인하는 것입니다. 자기를 부인하는 것은 세상으로 끌고 가는 세속적 기쁨을 부인하는 것입니다.

③ 매일 자신의 십자가를 지는 것

십자가를 지는 것은 하나님의 뜻을 이루기 위하여 고통을 견디는 것입니다. 십자가를 지는 것은 다른 사람의 유익을 위하여 손해를 감수하는 것입니다.

2) 제도적인 은총의 수단(instituted means of grace) [59]

제도적인 은총의 수단이란 기독교 전통에서 성화를 위하여 사용되었던 수단입니다.

① 기도

존 웨슬리 성화 생활의 핵심은 기도입니다. 웨슬리는 새벽 4시에 일어나서 새벽 기도하는 생활을 습관화했습니다. 웨슬리가 15년 이상 살았던 집(Wesley's House)에 그가 매일 새벽 기도하였던 방이 있는데, 그 방을 '능력의 방'이라고 부릅니다. 기도는 영적 생활의 호흡과 같다고 했습니다. 기도를 통해 우리의 죄에 대해 각성하고(회개와 고백), 우리 속에 하나님의 약속이 성취되기를 열망하고(청원), 이웃의 요구를 위해 대신 요청하고(중보), 하나님의 선하심과 인자하심에 감사하게 된다고(감사) 가르쳤습니다. 존 웨슬리의 기도 목적은 궁극적으로 성화를 이루는 것입니다.

리처드 뉴턴은 이렇게 말했습니다. "나의 여위고 열매 없는 생활의 근본 원인은 기도 생활의 퇴보에 있다. 내가 마음의 안정 속에서 자유롭게 기도할 수 있을 때 모든 문제는 쉽게 풀린다." 이 말은 사실입니다. 신자의 신앙생활에 힘이 없고, 영적 성장에 진보가 없는 이유는 바로 기도 부족 때문입니다.

② 말씀

존 웨슬리에게 있어서 성경은 성화 훈련의 가장 원천적이고, 중요한 표준과 자료였습니다.

> "그러므로 믿음은 들음에서 나며 들음은 그리스도의 말씀으로 말미암았느니라."(로마서 10장 17절)

믿음은 그리스도의 말씀을 들을 때 성장합니다. 아이들의 성장을 봐도 잘 먹는 아이가 잘 큽니다. 영양이 공급되지 않으면 성장할 수 없습니다. 그래서 주일 예배만 참석하는 교인과 매일 QT를 하는 교인의 믿음 성장은 다른 것입니다.

③ 금식

존 웨슬리는 기도와 함께 금식을 성화를 위한 중요한 은총의 수단으로 강조하였습니다. 초창기 감리교도들은 수요일과 금요일에 금식하였습니다. 금식의 목적은,

첫째, 죄에 대하여 슬퍼하는 것과 하나님의 진노를 두려워하는 것,

둘째, 어리석고 경건하지 못한 욕망과 불결한 감정에서 벗어나는 것,

셋째, 금식을 통해 모은 돈으로 가난한 이웃들의 필요를 따라 나눠줌으로써 이웃 사랑을 하도록 하는 것입니다. 그래서 궁극적으로는 성화를 추구하는 것입니다.

④ 성만찬

존 웨슬리는 루터와 칼빈처럼, '교회란 설교가 선포되고 성례전이 집행되는 곳'이라고 주장하였습니다. 웨슬리는 성만찬의 떡과 포도주는 거룩한 상징이며, 성도를 그리스도의 형상으로 변화시키는 은총의 수

단이라고 했습니다. 웨슬리는 성만찬을 그리스도의 대속적 죽음의 표적, 현재적 은혜의 표적, 천국의 표적, 그리고 성도의 교제의 표적이라고 강조하였습니다.

⑤ 성도의 교제(Christian conference)
존 웨슬리는 성도는 고립되어 신앙생활을 할 수 없다고 강조하였습니다. 감리회는 성도의 교제가 있는 속회 회원권을 3개월마다 갱신하였습니다. 갱신할 때 3번 이상 속회에 결석하면 회원권을 박탈했습니다. 그래서 1747년 게이트헤드(Gatehead)를 방문하여 회원을 심사하였을 때 800명의 교인이 400명으로 줄어든 경우도 있었습니다. 그러나 초기 감리회는 숫자에 연연하지 않고 성도들을 하나님의 사람으로 세우는 일에 집중했습니다. 그만큼 속회(소그룹)을 통한 성도의 교제를 중요하게 생각했다는 것이지요.

⑥ 기독교 고전 읽기
존 웨슬리는 성도들의 마음의 성결과 경건 훈련을 위하여 항상 기독교 고전 읽기에 힘쓸 것을 권면했습니다. 특히 말씀을 가르치는 지도자들에게 오전 6시부터 12시까지 기독교 고전을 읽기를 권면했습니다.

⑦ 찬양
찬양은 하나님과의 아름다운 영적인 관계를 형성시켜주고, 영적인 성장과 성숙을 불러일으키는 중요한 수단입니다. 특별히 찬양은 감리

교 신학과 교리를 시적으로 표현해주는 가장 중요한 방편이었습니다. 웨슬리 형제는 50년 동안 60여 권의 찬송집을 출판하였습니다. 그래서 감리교 설교는 1마일 퍼져나갔지만 감리교 찬양은 2마일 퍼져나갔다는 말이 생기기도 하였습니다.

3) 상황적 은총의 수단(prudential means of grace)

상황적 은총의 수단은 생활의 성결(holiness of life)을 위해 필요한 은총의 수단입니다. 즉 사랑의 실천을 통하여 예수님을 닮아가는 것입니다.

① 선행의 실천

환자를 방문하고, 가난한 사람에게 나눠주고, 갇힌 자를 돌보고, 각종 사랑의 실천을 이루는 것입니다. 존 웨슬리는 다음과 같은 'Rules for Christian Living(크리스천 삶의 원칙)'을 갖도록 했습니다.

Do all the good you can(네가 할 수 있는 모든 선을 행하라)
By all means you can(네가 할 수 있는 모든 수단을 동원하여)
In all the ways you can(네가 할 수 있는 모든 방법으로)
In all the places you can(네가 할 수 있는 모든 곳에서)
At all the times you can(네가 할 수 있는 모든 시간에)
To all the people you can(네가 할 수 있는 모든 사람에게)
As long as ever…… you can(네가 할 수 있는 한 오랫동안)

② 경제적인 나눔

존 웨슬리는 경제적인 나눔을 아주 중요한 성화의 수단으로 보았습니다. 돈 사용의 3대 원리-Gain all you can, Save all you can, Give all you can- 중에서 "할 수 있는 대로 모두 나누어주라."를 가장 중요하게 생각하였습니다. 존 웨슬리는 성화란 우리에게 주신 물질과 재능과 은사를 이웃에게 나눔으로써 하나님께 다시 돌려드리는 생활임을 강조하였습니다. 선행으로 성장합니다. 우리의 몸도 먹기만 하고, 영양을 적절하게 소비하지 않으면 건강해질 수 없습니다. 많은 성인병의 원인은 영양을 소비하지 않는 운동 부족에 있습니다. 영적 건강도 마찬가지입니다. 하나님의 은혜를 받기만 하고 봉사하지 않으면 결코 영적 건강을, 영적 성장을 유지할 수 없습니다.

소그룹을 통한 성화 수련

존 웨슬리는 소그룹(속회)을 통한 성화 수련을 강조하였습니다. 속회의 목적은 단지 행정적인 조직이나 양적 성장을 위한 것이 아니라 성화 수련이라는 질적 성숙을 도모하는 것이었습니다.[60] 초창기 감리회의 속회에서는 매주 속회로 모일 때마다 속장이 다음과 같은 질문으로 속도원들의 성화를 점검했습니다.

• 일주일 동안 무슨 죄를 졌는가?

- 일주일 동안 무슨 유혹을 받았는가?
- 그 유혹을 어떻게 물리쳤는가?
- 일주일 동안 무슨 선행을 했는가?

이 질문에 따라 모든 속도원들은 자신의 영적 상태를 간증 형식으로 고백하고 나눔으로써 서로 권면하고, 돌보며, 격려하고, 위로하는 책임 의식을 가졌습니다. 이렇게 함으로써 속도원들은 속회 공동체를 통해 공동의 성화를 이루어갔습니다.

필자는 매주 진행하는 속장(속회 인도자) 교육에서 다음과 같은 3가지 질문을 함으로써 그들의 영적 생활을 지도합니다.

- 성경을 얼마나 읽었습니까?
- 기도를 하셨습니까?
- 속도원을 심방, 상담으로 돌보셨습니까?

속장(속회 인도자)은 감리교 목회에서 가장 중요한 역할을 하는 직분입니다.

속회에서 참된 교제를 나누기 위하여 아래와 같은 방법을 고려해보십시오.[61]

ㄱ. 삶 나누기

참된 교제를 위하여 속도원들의 삶을 나누십시오. 삶을 나누려면 다른 사람들이 내 마음을 들여다볼 수 있도록 '창문을 열어주는 것'이 필요합니다. 인간관계에 있어서 속마음을 숨기기 위하여 선글라스를 계속 쓰고 있으면 참된 교제가 일어나지 않습니다. 기꺼이 선글라스를 벗어야 합니다. 그런데 부끄러움, 두려움, 자존심, 귀찮음 때문에 자기방어체계인 선글라스를 쓰고 있으면 참된 교제가 일어나지 않습니다. 가장 중요한 것은 속장(속회 인도자)이 먼저 자신을 보호하는 선글라스를 벗고 속도원들 앞에 나서야 합니다. 그럴 때 비로소 속도원들도 자신을 보호하는 선글라스를 벗게 됩니다. 다음과 같은 내용으로 삶을 나눌 수 있습니다.

- 지난 주 가장 추웠던 일은 무엇이었는가?
- 지난 주 가장 따뜻했던 일은 무엇이었는가?

이렇게 지난 한 주간의 삶을 나누다 보면, 속도원들은 일상생활에서 하나님의 임재를 확인할 수 있습니다. 속도원들이 자신의 삶을 나누다가 하나님의 은총에 감격하여 눈언저리가 촉촉해지는 것을 자주 목격하게 될 것입니다.

ㄴ. 말씀 묵상 나누기

참된 교제를 위하여 속도원들이 묵상한 말씀을 나누십시오. 속회가 일방적으로 진행되면 속회는 건강해질 수 없습니다. 인도자는 일방적으로 설교하려고 하지 말고, 속도원들이 말씀 묵상을 통해 받은 은혜를 서로 나눌 수 있도록 모임을 인도해야 합니다. 건강한 가족은 이야기가 넘쳐납니다. 가족들이 모이면 이야기꽃이 활짝 피어납니다. 가족 모두가 자기 이야기의 주인공입니다. 그러나 건강하지 않은 가족에는 이야기가 거의 없습니다. 대신 규칙, 훈계, 명령, 순종만 있을 뿐입니다. 누가 이야기해도 귀담아듣지 않습니다. 속회도 마찬가지입니다. 속도원들이 말씀 묵상을 통해 받은 은혜를 서로 나눌 수 있도록 분위기를 조성하십시오.

ㄷ. 중보 기도 나누기

참된 교제를 위하여 속도원들의 기도 제목을 나누십시오. 누가 나를 위하여 진정으로 기도해주겠습니까? 반드시 속도원들의 문제를 내놓고 함께 기도하십시오. 속도원들의 고통을 나의 고통으로, 속도원들의 아픔을 나의 아픔으로, 속도원들의 문제를 나의 문제로 받아들이고 속도원들을 대신하여 '주님, 살려주세요!'라고 하늘 아버지께 호소할 때 그 기도를 들은 속도원은 절대로 속회를 떠나지 않습니다.

"진실로 다시 너희에게 이르노니 너희 중의 두 사람이 땅에서 합심하여 무엇이든지 구하면 하늘에 계신 내 아버지께서 그들을 위하여 이루게 하시리라."(마태복음 18장 19절)

성경에 '긍휼'이라는 말이 많이 나옵니다. 중보 기도란 긍휼의 마음으로 기도하는 것을 말합니다. 긍휼을 영어로 'compassion'이라고 합니다. '함께 고통을 당함'이지요. 히브리어로 '라함'이라고 합니다. '라함'은 '여자의 자궁'을 의미합니다. 자궁만큼 '하나 됨'을 절실하게 나타내는 말이 어디 있겠습니까? 자궁 안에서 아기와 엄마는 하나가 됩니다. 중보 기도란 이런 '하나 됨'으로 기도하는 것을 말합니다. 이 세상 어느 누가 다른 사람의 문제를 내 문제로 끌어안고 중보 기도 하겠습니까? 중보 기도에서 중요한 것은, 다른 사람의 중보 기도 제목을 입에 올리지 않고 마음에 담는 자세입니다. 중보 기도 제목을 입에 올려 그 기도 제목이 다른 사람들에게 소문으로 퍼지기 시작하면 중보 기도는 실패합니다.

성화 수련을 받은 대로 일상적인 삶에서 성화를 이루십시오. 미국의 작가이자 목사인 프레드릭 비크너(94)는 "하나님이 세상을 향해 말씀하시는 통로는 각자의 일상이다. 하나님이 끊임없이 일하고 계시는 일상에 주의를 기울이라."고 권면합니다.

어느 목사님이 이런 간증을 했습니다. 한 교우가 김천에서 '고령 설렁탕'이란 음식점을 한답니다. 이분은 목사님께 "저는 설렁탕 한 그릇을 끓여도 주님을 대접한다는 마음으로 끓입니다."라고 말하더랍니다. 그래서 최고의 식자재를 쓰고 정성을 다한다는 거지요. 설렁탕에서는 식자재 중 뼈가 중요하답니다. 좋은 뼈를 10시간 쯤 우리면 뽀얀 뼛국물이 나온다는 겁니다. 하루는 뼈 가게의 주인이 실수로 품질이 떨어진 뼈를 보내왔습니다. 뼈를 우리면 뽀얀 국물이 나와야 하는데, 누런 국물이 나왔다는 거지요. 항의했더니 뼈 가게 사장이 이렇게 말하더랍니다. "사장님, 시간이 이미 늦었으니까 오늘 하루만 커피 프림을 좀 타서 사용하세요. 그러면 국물 색깔이 좋아집니다." 그 다음날 아침, 설렁탕 가게 성도는 문에다 방을 붙였습니다. "오늘은 식재료가 나빠 장사를 못하게 되었습니다. 죄송합니다." 이것이 일상에서 일어나는 성화의 삶입니다.

11

사회적 성화

존 웨슬리의 성화는 개인적일 뿐만 아니라 사회적입니다. 사회적 성화란 긍휼 사역으로 사회적 약자를 돌보고, 법과 제도를 개선하여 사회적 정의를 구현하는 활동이라고 정의할 수 있습니다. 존 웨슬리는 '사회적 성화가 아닌 성화를 모르고, 사회적 종교 아닌 기독교를 모른다고 말했습니다.[62] 그만큼 웨슬리는 사회적 성화를 강조했습니다. 웨슬리는 사회적 성화의 중요성을 그가 출판한 '찬송가의 서문'에서 다음과 같이 밝히고 있습니다.[63]

"고독한 종교는 복음서에서 발견되지 않는다. 거룩한 고독은 '거룩한 간음 행위' 그 이상이 아님을 복음은 강조한다. 그리스도의 복음은 사회적 종교(social religion) 아닌 종교를 모른다, 사회적 성결 아닌 성결도 모른다…… 참으로 그의 형제들을 말로만 아니라 그리스도께서 사랑하신 것처럼 사랑하는 자는 선행을 열망하지 않을 수 없다."

존 웨슬리의 사회적 성화 활동

올더스게이트 성령 체험 이후 존 웨슬리의 사회적 성화 활동을 보십시오. 1738년 올더스게이트 체험을 한 웨슬리는 1739년 브리스톨의 탄광 지역의 광부들, 농부들, 노동자들을 찾아다니며 다양한 사회적 성화 운동을 전개했습니다. 1741년에 46명이 2명씩 짝을 지어 23개 지역으로 나누어 일주일에 세 번씩 각 지역 병자를 방문하는 일, 1746년에 가난한 병자를 돕기 위하여 영국에 무료진료소를 시작한 일, 1785년에 런던에서 '나그네 친구회(Strangers' Friendly Society)'를 조직하여 나그네, 병자, 가난한 자를 돕는 일, 1748년에 탄광 지역인 킹스우드(Kingswood)에 학교를 세워 광부들의 자녀들을 무료로 공부시킨 일, 1747년부터 신용조합을 이용하여 경제적으로 자립하게 한 일 등이 있습니다. 좀 구체적인 예를 몇 가지 들어보겠습니다.

1) 존 웨슬리와 가난한 사람들

존 웨슬리는 가난한 사람들의 가정, 공장, 강제 노역장, 병원과 교도소를 무수히 방문하면서 가난한 이들의 비참함을 보았습니다. 가난한 사람들을 돕기 위해 감리교인들이 했던 방법은 주례 모금이었습니다. 모금된 금액은 담당자들의 논의를 거쳐 필요한 사람들에게 현금으로 나눠주거나 의복, 생필품, 연탄이나 병자들을 위한 의약품 등을 사서 나눠주기도 했습니다. 모금액이 100파운드가 넘을 때도 있었는데, 웨슬리의 1년 생활비가 28파운드 정도였다는 사실과 비교하면 상당한 금액이었음을 알 수 있습니다.[64]

그 당시 가난에 대한 일반적인 인식은 자기 책임이거나 하나님의 형벌로 여겨져서 물질적인 궁핍이 오히려 죄악시 되었습니다. 그러나 웨슬리는 도움이 필요한 사람들을 직접 찾아가 봄으로써 가난의 진정한 원인은 하나님의 뜻이라거나 가난한 사람들의 게으름이 아니라는 사실을 파악했습니다. 웨슬리는 "그들은 게으르기 때문에 가난할 뿐이다."라는 일반적인 비난을 "악의에 찬, 악마적인 비난"으로 여겼습니다.[65] 웨슬리의 '가난한 자 구호 규칙' 중에는 다음과 같은 말이 있습니다.

"여러분이 가난한 이들에게 도움을 줄 수 없을지라도 그들을 슬프게 하지는 마십시오. 다른 것이 가능하지 않을 때는 친절한 말이라도 그들에게 하십시오. 차가운 시선이나 가슴 아픈 말을 삼가십시오. 여러분 스스로가 그들의 상황이 되었다고 여기면서 하나님께서 여러분에게 행하여 주시기를 원하는 것처럼 그들에게 행하

십시오."⁶⁶

웨슬리는 가난한 사람들을 단지 자선의 대상이나 극빈자 구호의 수혜자로 보지 않고, 이들의 비참한 상황을 제거하는 것을 참된 기독교적인 사명으로 강조했던 사람들 중에서 첫 번째 사람이었습니다.⁶⁷

2) 존 웨슬리와 노예 제도

18세기 사회 문제 중에서 노예 문제는 최악의 비인간적이고 불의할 뿐만 아니라 해결하기 쉽지 않은 과제였습니다. 특히 아메리카에 있는 식민 농장으로부터 급증하는 노동력의 요청, 정치인들과 노예 상인들 및 노예 소유자들의 경제 사슬에 맞물려 노예 제도는 날로 견고해져 갔습니다. 엄청난 부를 창출하는 노예 사업은 영국 의회로 하여금 적극적으로 노예 사업을 보호하고 장려하도록 하였습니다. 1783년과 1793년 사이에 영국의 리버풀에서 출발한 배로 미국에 수송한 노예가 약 30만 명 정도에 이르렀다고 합니다.⁶⁸ 이런 상황에서 윌리엄 윌버포스(Wilberforce, 1759-1833)에 의해 제안된 노예 폐지법이 1791년 영국 하원에서 부결되었다는 사실은 오히려 당연했습니다. 영국 국교회조차 노예 매매와 노예 제도를 아무런 저항 없이 받아들였습니다. 몇몇 영국 국교회의 신도들이 회심한 노예들을 해방시키기도 하였으나 그것 때문에 그들은 영국 국교회 감독으로부터 책망을 받기도 하였습니다.

1780년 미국에서 열렸던 감리교의 첫 번째 연회는 노예 제도를 하나님의 법과 인간의 법, 그리고 자연법에 어긋나며 사회를 해치는 것이라고 선언하였습니다. "노예 제도는 양심과 순전한 종교의 가르침에 어긋나며 또 남이 우리에게나 또 다른 사람들에게 행해서는 안 되는 일이다."[69] 이런 결의가 가능하게 했던 것은 웨슬리가 1774년 저술한 "노예 제도에 관한 생각"이라는 소책자 때문이었습니다.[70] 노예 제도를 반대하는 웨슬리의 가장 핵심적인 논리는 '노예 제도는 기본적인 인권을 침해한다.'는 사실입니다. "덕을 희생시켜 가며 부를 획득하는 것보다 부를 소유하지 않는 것이 훨씬 낫다. 같은 인간의 눈물과 땀과 피를 팔고 사는 어떠한 부보다도 명예로운 가난이 더 좋다."[71]

3) 존 웨슬리와 교도소 개혁

18세기 영국 국회는 사형죄에 해당하는 범죄의 목록을 200개 이상으로 확대시켰습니다. 예를 들어, "집토끼를 쏜 자, 교량을 훼손한 자, 묘목을 뽑아 버린 자, 5실링을 훔친 자는 교수형에 처할 수 있다."라고 정해져 있었습니다. 교도소 환경은 이루 말할 수가 없었습니다. 넘쳐나는 죄수들로 말미암아 교도소 외의 낡은 성이나 시청의 지하실을 이용하여 감금하였고, 죄수들을 쇠사슬, 죄수용 가죽 조끼 등으로 결박하였습니다. 복음전도자로서, 죄수들의 목회자로서 웨슬리는 1739년 초에 런던과 브리스톨의 교도소에서 예배를 인도하였고, 특히 사형 선고를 받은 죄수들과 깊은 대화를 함으로 참회와 영원한 생명에로 인도하였습니다. 그러나 웨슬리의 교도소 활동은 교도소 관리들의 방해에 부딪히게 되었습니다. 웨슬리는 죄수들을 유혹한다는 비난을 받는 것은 물론 담당 보안관들은 그가 매일 와서 예배드리는 것을 금지하며 일주일에 한 차례의 설교만 하라고 그의 활동을 제한하기도 했습니다. 교도소 방문은 이미 1743년에 감리교의 규칙들 중의 하나가 되었는데 감리교인들은 이 규칙을 따라서 지속적으로 교도소 사역을 전개했습니다.[72]

웨슬리의 '사회적 성화' 정신은 다양한 사회봉사 운동(social service) 뿐만 아니라 사회 변혁 운동(social transformation)으로 나타났습니다. 산업혁명 과정에서 소외된 광부, 농부, 노동자들을 위한 속회 형태의 노동조합 운동을 시작하여 1831년 "영국과 아일랜드의 대연합 산업노동조합" 등을 결성한 일, 1774년에 "노예 제도에 관한 생각(Thoughts)"이라는 논문을 써서 본격적으로 노예 제도를 공격한 일, 1743년부터 죄수들을 방문하는 것을 감리교 신도회의 원칙으로 삼은 일 등입니다.

존 웨슬리의 사회적 성화는 실현된 종말론에 근거를 두었습니다.

웨슬리는 사회적으로 하나님의 나라가 실현될 수 있다고 믿었습니다. 그래서 뮌처(Thomas Munzer, 1490?-1525))처럼 웨슬리도 다양한 사회 개혁 운동에 앞장서서 영국 사회를 개혁하는데 크게 도움을 주었습니다. 그러나 웨슬리에겐 뮌처와 다른 점이 있었습니다. 뮌처는 현재적 지상 천국만을 말하고 내세적 천국을 거부하지만, 웨슬리는 현재적 지상 천국의 상대적 완성을 꿈꾸면서도 내세적 천국의 절대적 완성을 강조하였습니다.[73]

또한 웨슬리의 사회적 성화는 희년(Jubille) 사상에 근거를 두었습니다.

레위기 25장에 따르면 희년은 매 50년마다 돌아옵니다.

"너희는 오십 년째 해를 거룩하게 하여 그 땅에 있는 모든 주민을 위하여 자유를 공포하라 이 해는 너희에게 희년이니 너희는 각각 자기의 소유지로 돌아가며 각각 자기의 가족에게로 돌아갈지며."(레위기 25장 10절)

희년이 되면, 여러 가지 사정으로 노예가 되었던 이스라엘 백성들이 자유를 얻어 가족에게 돌아갈 수 있었습니다. 또한 여러 가지 사정으로 팔아버렸던 자기 소유의 기업을 회복할 수 있었습니다.

웨슬리는 브리스톨에서 옥외 설교를 시작한 첫날(1739년 4월 1일) '산상 수훈 강해'를 설교하면서 하나님의 나라를 실존적으로, 사회적으로 실현되는 복음으로 선포하였습니다. 둘째 날(1739년 4월 2일) 옥외 하이웨이에서 누가복음 4장 18-19절을 본문으로 설교하였습니다.

"주의 성령이 내게 임하셨으니 이는 가난한 자에게 복음을 전하게 하시려고 내게 기름을 부으시고 나를 보내사 포로 된 자에게 자유를, 눈 먼 자에게 다시 보게 함을 전파하며 눌린 자를 자유롭게 하고 주의 은혜의 해를 전파하게 하려 하심이라 하였더라."(누가복음 4장 18-19절)

그는 그 설교에서 가난한 자, 눌린 자, 고통당하는 자, 갇힌 자, 병든 자, 나그네, 고아, 과부, 신체장애자들을 해방시키는 '희년의 복음'을 브리스톨 탄광 지역의 사람들에게 선포하였던 것입니다. 웨슬리는 희년을 위해 세금 제도의 개혁, 고용 제도의 개혁, 노예 해방, 여성 해방, 청지기 의식에 의한 경제적 분배와 나눔, 재산 상속 반대, 광부와 농부와 산업노동자의 노동조합 운동 등을 실천하였습니다. 웨슬리의 사회적 성화는 희년 사상에 근거를 두었습니다.

감사한 죄

한국 교회는 개인 성화와 더불어 사회적 성화를 도모하는 교회로 거듭나야 합니다. 특별히 웨슬리의 후예라고 강조하는 감리교도들과 감리교회는 사회적 성화를 위하여 무엇을 하고 있는지 냉철하게 반성해야 합니다. 눈을 크게 뜨고 우리 사회의 그늘진 곳을 살펴보아야 합니다. 한국 교회가 사회적 성화에 진정한 관심을 기울일 때, 비로소 세상은 한국 교회에 관심을 갖기 시작할 것입니다. 시인 박노해의 '감사한 죄'라는 시를 소개합니다.

"새벽녘 팔순 어머니가 흐느끼신다.
젊어서 홀몸이 되어 온갖 노동을 하며
다섯 자녀를 키워낸 장하신 어머니
눈도 귀도 어두워져 홀로 사는 어머니가

새벽 기도 중에 나직이 흐느끼신다.

나는 한평생 기도로 살아왔느니라.
낯선 서울 땅에 올라와 노점상으로 쫓기고
여자 몸으로 공사판을 뛰어다니면서도
남보다 도와주는 사람이 많았음에
늘 감사하며 기도했느니라.

아비도 없이 가난 속에 연좌제에 묶인 내 새끼들
환경에 좌절하지 않고 경우 바르게 자라나서
큰아들과 막내는 성직자로 하느님께 바치고
너희 내외는 민주 운동가로 나라에 바치고
나는 감사 기도를 바치며 살아왔느니라.

내 나이 팔십이 넘으니 오늘에야
내 숨은 죄가 보이기 시작하는구나.
거리에서 리어카 노점상을 하다 잡혀온
내 처지를 아는 단속반들이 나를 많이 봐주고
공사판 십장들이 몸 약한 나를 많이 배려해주고
파출부 일자리도 나는 끊이지 않았느니라.
나는 어리석게도 그것에 감사만 하면서
긴 세월을 다 보내고 말았구나.

다른 사람들이 단속반에 끌려가 벌금을 물고
일거리를 못 얻어 힘없이 돌아설 때도,
민주화 운동 하던 다른 어머니 아들딸들은
정권 교체가 돼서도 살아 돌아오지 못했어도
사형을 받고도 몸 성히 살아서 돌아온
불쌍하고 장한 내 새끼 내 새끼 하면서
나는 바보처럼 감사 기도만 바치고 살아왔구나.

나는 감사한 죄를 짓고 살아왔구나.
새벽녘 팔순 어머니가 흐느끼신다.
(묵주를 손에 쥐고 흐느끼신다.)
감사한 죄
감사한 죄
아아 감사한 죄."

이 시가 의미하는 바가 무엇인지 아시지요? '감사하는 것'이 죄가 아니라 이웃의 아픔을 헤아리지 못하고, 내 생각만 하고 살아온 이기심이 죄란 말이지요. 이웃의 아픔을 헤아리지 못한다면 나의 감사가 하나님께 아픔이고 슬픔일 수 있겠다는 생각을 하게 됩니다.

세상의 소금, 세상의 빛

'이 세상'은 성도들의 정체성과 존재 의미가 드러나야 할 곳입니다. 예수님의 산상 수훈 중, "너희는 세상의 소금이니……"(마태복음 5장 13절)와 "너희는 세상의 빛이라……"(마태복음 5장 14절)는 말씀이 있습니다. 예수님은 그냥 소금이라고, 그냥 빛이라고 하지 않고, '세상의 소금'이라고, '세상의 빛'이라고 말씀하셨습니다. '세상'은 '하늘'과 대비되는 공간이지만, 예수님은 '세상'에도 하나님의 통치가 이뤄져야 한다고 말씀하셨습니다. 따라서 세상의 소금이요 세상의 빛이라는 말은 성도들의 정체성이 드러나야 할 곳은 하늘이 아니라 바로 '이 세상'이라는 뜻입니다. 우리가 경험하고 있듯이 세상은 성도들을 환영하는 곳이 아닙니다. 이 세상은 성도들을 모욕하고 조롱하고 거절하고 핍박하는 곳입니다. 그럼에도 불구하고 예수님은 오늘도 성도들을 세상에 보내시면서 "너희는 세상의 소금이니, 너희는 세상의 빛이라"고 말씀하십니다. 성령은 성도들이 세상의 빛과 소금이 되어 사회적 성화를 이루도록 돕고 있습니다. 시대 상황이 많이 달라졌습니다. 그래서 18세기 웨슬리의 '사회적 성화' 개념을 오늘 우리 시대에 적용하기에 무리가 따른다는 사실을 잘 압니다.

필자의 교회에서는 '선한 사마리아인' 사역을 하고 있습니다. 이 사역은 코로나19 바이러스 상황에서 노숙자들을 돌보고, 노령의 교우들을 정기적으로 방문, 위로하는 사역입니다. 자원봉사자들이 방문을 원하는 어른들을 대상으로 섬깁니다.

또한 '선한 사마리아인 온도계' 사역을 꿈꾸고 있습니다. 이 사역은 경제적으로 어려움을 겪는 교우나 이웃을 상시적으로 돕는 사역입니다. 재원은 가정의 기념할 만한 날(생일, 결혼기념일, 돌 등)이나 감사한 일이 있을 때 '선한 사마리아인 온도계' 명목의 목적 헌금을 하여 조성하려고 합니다. 앞으로 '선한 사마리아인 사역'이 '교회의 담을 넘어' 사회봉사 운동뿐만 아니라 시민 단체와 협력하여 법과 제도를 개선하는 사회 변혁 운동(social transformation)으로 확대되길 기대합니다.

12

경제적 성화

존 웨슬리의 개인적 성화는 영적(spiritual)일 뿐만 아니라 경제적(economic) 성화로 구체화되고 실천되었습니다. 경제적 성화란 존 웨슬리식으로 표현하면, '가능한 많이 벌라, 가능한 많이 저축하라, 가능한 많이 주라'로 정의할 수 있을 것입니다. 돈은 인생살이에서 가장 중요한 요소입니다. 성경에는 돈에 대한 말씀이 3,224번이나 나옵니다. 믿음(215절)과 구원(218절)에 대한 말씀과 비교해볼 때 10배나 많습니다. 또 예수님의 38개의 예화 중에 22개가 돈에 관한 예화입니다.

돈에 대한 말씀이 성경에 많이 나온 이유가 무엇일까요?

우선, 돈은 인생살이에서 그만큼 중요하기 때문입니다. '돈 주머니가 회개하지 않은 사람은 진정으로 회개한 사람이 아니다.'라는 말이 있습니다. 경제적 성화가 된 사람이 진정으로 성화된 성도입니다.

또한 우리는 하나님의 재물을 맡은 청지기이기 때문입니다. 엄밀한 의미에서 인간은 자기가 벌었든지 상속을 받았든지 간에 그 재물의 소유주는 결코 아닙니다. 하늘과 땅의 주인은 하나님이십니다. 우리는 하나님의 돈을 관리하는 관리자일 뿐입니다. 성경에서는 그것을 '청지기'라고 합니다. 우리는 이 땅에 살 동안 하나님의 돈을 하나님의 뜻에 따라 사용하도록 위임받은 관리자일 뿐입니다. 그래서 "내 돈 가지고 내 마음대로 쓰는데 무슨 상관이냐?"라는 말은 잘못된 말입니다.

그리고 마지막 날 맡긴 재물을 어떻게 사용했는지에 대한 하나님의 심판이 있기 때문입니다. 우리가 재물을 어떻게 사용했는지에 대하여 창조주이시며 심판주이신 하나님 앞에서 설명해야 하며, 그 결과에 따라 상과 벌을 받습니다.[74] 돈을 사용하는 것은 자유이지만 계산할 날이 있음을 알아야 합니다.

> "이러므로 우리 각 사람이 자기 일을 하나님께 직고하리라."(로마서 14장 12절)
> "이는 우리가 다 반드시 그리스도의 심판대 앞에 나타나게 되어 각각 선악 간에 그 몸으로 행한 것을 따라 받으려 함이라."(고린도후

서 5장 10절)

재물에 대한 교훈

존 웨슬리의 재물에 대한 교훈은 '가능한 많이 벌라.' '가능한 많이 저축하라.' '가능한 많이 주라.'로 요약할 수 있습니다. 그의 세 가지 간단한 규칙들은 웨슬리 자신이 실천하고, 교회들에게 권장했던 재물에 대한 교훈입니다.[75] 그 내용을 설명해보겠습니다.

1) 많이 벌라(Gain all you can)

존 웨슬리는 가난을 가난한 사람들의 '나태'의 결과로 여기지 않았으며 또 하나님의 선택에서 제외된 사람들의 '운명'으로도 여기지 않았습니다.[76] 그는 가난을 가능한 모든 수단을 동원하여 극복해야 할 불행으로 여겼기 때문에 끊임없이 그 원인을 연구하고, 부지런히 일하도록 격려했으며, 책임 있는 이들을 질책했고, 사회적인 불의를 제거하려고 노력했습니다.[77] 웨슬리는 정직한 방법으로 가능한 한 많이 돈을 벌라고 촉구했습니다. 부지런히 땀 흘려 많은 돈을 벌어야 합니다. 성경은 결코 돈 버는 것을 나쁘다고 말하지 않습니다.

그러나 웨슬리는 다음과 같은 방법으로 돈을 벌어서는 안 된다고 강조했습니다.

① 생명을 희생시키면서, 건강을 해치면서까지 돈을 벌어서는 안 됩

니다.

따라서 어떤 종류의 직업이든지 그것이 너무 고되거나 장시간 노동을 하게 되어 건강을 해친다면 그 일을 할 것인지에 대하여 다시 생각해 보아야 합니다.

② 우리의 마음을 해치면서 돈을 벌어서는 안 됩니다.

하나님의 율법을 어기거나 국법을 어겨 양심이 꺼려진다면 그 일을 계속해서는 안 됩니다. 돈을 벌기 위하여 우리의 영혼을 팔아서는 안 됩니다.

③ 이웃을 해치면서 돈을 벌어서는 안 됩니다.

예를 들어, 그것이 이웃의 건강을 해치는 물건이라면, 어떤 것이라도 팔아서는 안 됩니다. 웨슬리는 '럼주'라 불리는 독한 술도 이웃의 건강을 해치기 때문에 팔아서는 안 된다고 강조했습니다.

2) 많이 저축하라(Save all you can)

한 달에 100만 원 남짓 벌어도- 보통 가정에서는 생활비도 안 되지만 저축하는 가정이 있는가 하면, 한 달에 1,000만 원 벌어도 늘 돈이 모자라 빌리는 가정이 있습니다. 수입이 적다고 저축을 못하는 것이 아니고, 수입이 많다고 저축하는 것도 아닙니다.

존 웨슬리가 가능한 많이 저축하라는 것은 벌어들인 돈을 축적하라는 의미가 아니라 모든 불요불급한 지출을 줄이도록 촉구한 것입니다. 특히 낭비와 사치는 우리 생활에서 저축을 하지 못하게 하는 가장 무서운 적이라고 지적했습니다.

① 우리의 육체는 사치한 생활을 하도록 우리를 자극합니다. 집이 없어 사글세방에 살 때는 20평짜리 아파트만 있어도 더 이상 소원이 없을 것 같았습니다. 그러나 20평짜리 아파트에 살게 되면 30평짜리 아파트가 눈에 아른거립니다. 더울 때 '선풍기 한 대만 있었으면 좋겠다……'라는 생각을 합니다. 그러나 선풍기 앞에서 후덥지근한 바람을 쐬고 있으면 에어컨이 생각납니다. 육체의 욕구는 한이 없습니다. 제어하지 않으면 육체의 욕망은 한이 없고, 끝도 없습니다.

② 낭비도 마찬가지입니다. 누가 낭비하라고 가르쳤습니까? 학교에서 가르쳤습니까? 부모가 가르쳤습니까? 아니지요. 우리의 육체는 가만 놔두면 저절로 낭비하게 되어있습니다. 자녀들만 봐도 그렇습니다. 연필도 글을 써서 닳아 없어지는 것보다 보관을 잘못해서 잃어버리는 것이 더 많습니다. 이면지를 그냥 휴지통에 버리지 말고, 뒷면을 연습 종이로 쓰라고 해도 안 씁니다. 훈련과 절제가 필요합니다. 우리가 절약하지 않으면 이 자연과 생태계는 견디지 못하고 무너집니다. 이런 사치와 낭비에서 헤어 나오지 않으면 저축할 수 없습니다.

3) 많이 주어라(Give all you can)

'가능한 많이 벌라.' '가능한 많이 저축하라.'는 두 규칙은 세 번째 규칙, 즉 '가능한 많이 주라.'에 의하여 비로소 그 정당성과 의미를 갖게 됩니다. 주는 것이 없으면 버는 것과 저축하는 것에 의미가 없어집니다. 웨슬리는 '만일 그들이 할 수 있는 대로 열심히 나눠주지 않으면 돈을 바다에 던지거나 땅에 묻어버리는 것과 같다.'[78]고 했습니다.

"선을 행하고 선한 사업을 많이 하고 나누어주기를 좋아하며 너그러운 자가 되게 하라. 이것이 장래에 자기를 위하여 좋은 터를 쌓아 참된 생명을 취하는 것이니라."(디모데전서 6장 18-19절)

존 웨슬리는 그렇게 살았습니다. 연 수입 30파운드 중 28파운드를 자기 생활비로 쓰고 2파운드는 가난한 사람에게 나눠주었습니다. 다음 해 연 수입 50파운드 중 자기 생활비로 28파운드 쓰고 22파운드는 가난한 사람에게 나눠주었습니다. 그 다음해 연 수입 90파운드 중 생활비로 28파운드를 쓰고 62파운드는 가난한 사람에게 나눠주었습니다. 네 번째 해 연 수입 120파운드 중 생활비로 28파운드 쓰고 92파운드는 가난한 사람에게 나눠주었습니다.

존 웨슬리는 재물 사용을 이렇게 정리했습니다.

① 소유물 중에서 여러분에게 필요한 것을 공급하십시오.
② 여러분 가족에게 필요한 것을 공급하십시오.
③ 이렇게 한 후에 여분이 남으면 믿음의 식구들을 위하여 선용하십시오.
④ 그래도 여분이 남아있으면 기회가 되는 대로 모든 사람들에게 선용하십시오.

이렇게 할 때 주님께서 재림하실 때 이 모든 행위에 대해 보상받게 될 것입니다. 사유 재산을 인정하면서도(gain all you can, save all you can), 분배하는 삶(give all you can)을 외친 웨슬리의 가르침은 확실히 자본주의와 공산주의의 모순을 극복할 수 있는 제 3의 길입니다.[79]

존 웨슬리는 부(富)가 주는 위험성을 환기시켰습니다. 부요가 주는 위험은 가난이 주는 위험보다 훨씬 더 크다고 했습니다.[80] 그는 '메도디즘에 관한 생각'이란 설교에서 다음과 같이 말했습니다.

"나는 감리교도(Methodist)들이라고 불리는 사람들이 유럽에서나 아메리카에서 사라지는 것을 두려워하지 않는다. 그러나 나는 그들이 능력 없는 종교의 형식만을 가진 일종의 죽은 종파가 될까봐 두려워한다."[81]

존 웨슬리는 감리교가 '죽은 종파'로 변질될 가능성의 요인을 이렇게 지적했습니다.

"나는 부가 증가하는 곳에서는, 지극히 소수의 예외가 있긴 하지만, 그 부가 증가하는 만큼 기독교의 본질이 퇴색한다는 사실을 잘 알고 있다. 감리교도들은 근면, 검약하므로 지금 이 세상에서 여러 방면으로 성공하여 재물을 쌓아가고 있다. 그러므로 부유해진 감리교도들에게 육체의 정욕과 안목의 정욕과 이생의 자랑도 비례하여 증가했고, 그래서 감리교회의 형식은 남아있지만, 그 정신은 신속히 사라져버리고 있다. 그렇다면 진정한 감리교회의 쇠퇴를 막을 길은 어디에 있단 말인가? 단 한 가지 방도가 있으며, 이외에는 하늘 아래 어떤 길도 없다. 할 수 있는 대로 많이 벌고, 할 수 있는 대로 많이 저축하고, 할 수 있는 대로 많이 나눠준다면, 그들은 많이 벌수록 더욱 은혜 안에 성장할 것이며, 더 많은 보물을 하늘나라에 쌓게 될 것이다."[82]

그리스도인다움, 교회다움

'그리스도인다움'은 돈을 어떻게 벌고, 돈을 어떻게 쓰느냐에 나타납니다. 우리는 '물질 만능'이라고 말할 수 있는 자본주의 시대를 살아가고 있습니다. 따라서 이 시대에는 돈을 어떻게 벌고, 돈을 어떻게 쓰느냐에 따라서 한 사람의 됨됨이를 판단할 수 있습니다. "그 사람이 어느 정도의 인품을 소유한 사람인가를 알려면 돈거래를 해보라"는 말이 있습니다. 돈거래를 해보면, 그 사람이 정확한 사람인지 부정확한 사람인지, 그 사람이 믿을 만한 사람인지, 믿을 수 없는 사람인지 안다는 것입니다. 마찬가지로 '그 사람이 어느 정도의 신앙인인가?'도 돈을 어떻게 벌고, 어떻게 쓰느냐를 보면 알 수 있습니다. '그리스도인다움'이 돈에서 나타납니다. 돈을 벌고 쓰는 것을 보고 '저 사람 진짜 기독교인이군!' 하게 된다는 것입니다.

'교회다움'의 측면에서 교회 재정 축적의 문제를 깊이 생각해보아야 합니다. 교회의 경상비를 이월시켜 축적하는 경우가 있습니다. 저축을 늘렸다고 자랑하기도 합니다. 물론 낭비를 줄이고 절약하여 교회 재정을 효율적으로 운영하는 것은 잘한 일입니다. 그런데 단순히 돈을 모으는 것이 자랑할 만한 일인지 아니면 부끄러워해야 할 일인지 생각해보아야 합니다. 하나님은 흘러 보낼 것을 기대하시고 교회에 상당한 물질을 주셨습니다. 그런데 그 물질을 움켜쥐고 있다면 그것은 축복의 통로를 막고 있는 꼴이 됩니다. 선교, 구제, 장학, 미자립교회 지원 등 하나님의 나라를 위해 흘러 보내야 할 곳이 너무나 많습니다. 그런데 그런 쓰임새를 틀어막고 있다면 결코 잘한 일이 아닐 것입니다. 여기에서 교회다움과 교회의 품위가 드러날 것입니다.

우리 인생 중에 기억할만한 '씀씀이'가 있어야 합니다. 오늘 우리가 18세기의 웨슬리처럼 살 수 없을 것입니다. 젊었을 때에는 주택 구입과 자녀 교육을 위해 저축해야 합니다. 노년에는 노후 대책을 위해 뭔가를 준비해야 합니다. 그러나 우리 인생 중에 기억할만한 "씀씀이"가 있어야 합니다. 가난하면 가난한 대로, 부자면 부자대로 기억할 만한 씀씀이가 있어야 합니다. 그 돈을 그렇게 쓴 것을 생각하면 언제나 흐뭇하고, 자신이 자랑스럽게 여겨지고, 그리스도인다웠다는 생각을 하게 되는 그런 씀씀이가 살아가면서 한 번 이상은 있어야 합니다.

어느 목사님의 설교 중에 나온 이야기입니다.

"1982년 1월 19일 조간신문에 이런 기사가 실렸습니다. 장애인들에게 직업교육을 시키는 모임인데 돈이 없어서 집세를 내지 못해 겨울철에 쫓겨날 판이었습니다. 다음날 한 부인이 이름을 밝히지 않고, 수표 다섯 장을 포함한 돈 190만 원을 보내어 밀린 집세와 연탄을 사라고 했습니다. 1982년도에 190만원이면 큰돈이지요? 그러면서 쪽지 한 장을 넣었는데, 그 쪽지에 이런 내용이 적혀 있었습니다. '저에게 중학교, 고등학교에 다니는 두 아들이 있습니다. 둘 다 전교에서 1, 2 등을 합니다. 어제 수돗가에서 빨래를 하는데 중 2학년인 둘째 아들이 신문을 들고 들어오면서 엄마, 이것 좀 보세요. 우리가 도와줘야 할 사람들이 있어요?' 하더랍니다. 그래서 큰 아들의 대학 입학금을 제외한 집 안에 있는 돈 전부를 보내 드립니다. 하나님께서 지금은 이렇게 작은 심부름을 시키시지만 앞으로 더 큰 심부름을 시키실 줄을 믿습니다."

설교를 들으면서 귀가 뻥 뚫리는 느낌을 받았습니다. '세상에…… 이렇게 신앙생활을 하는 사람도 있구나!' '하나님께서 지금은 이렇게 작은 심부름을 시키시지만 앞으로 더 큰 심부름을 시키실 줄을 믿습니다.' 분명히 어머니의 그런 믿음을 본 자식들은 지금쯤 더 큰 심부름을 하고 있으리라 믿습니다. 웨슬리는 가능한 많이 주기 위하여 가능한 많이 저축한 사람들 중에서 죽음의 순간에 후회한 사람을 아무도 보지 못했다고 했습니다.[83]

부(재물)에는 세 종류의 부가 있습니다. 그것은 현재의 재물, 미래의 재물, 그리고 영원한 재물입니다. 우리가 가지고 있는 재물은 그 돈을 쓰기에 따라서 현재를 풍요롭게 할 뿐만 아니라, 미래의 내 삶과 자식들의 삶을 보장합니다. 그리고 영원한 재물로 천국의 상급이 됩니다.

"이것이 장래에 자기를 위하여 좋은 터를 쌓아 참된 생명을 취하는 것이니라."(디모데전서 6장 19절)

초등학교 시절 숙제 중 하나가 '자기 이름으로 통장 만들기'였습니다. 우체국에 가서 내 이름이 인쇄된 생애 첫 통장을 받고는 마냥 신기해하며 통장을 열었다 닫았다 했던 기억이 납니다. 어린 나이였지만 군것질 대신 통장 잔액이 조금씩 쌓여가는 즐거움에 하루하루 행복했던 추억이 있습니다. 사람들은 통장을 하나 이상 갖고 있습니다. 예금 통장, 적금 통장, 노후연금 통장, 주택청약 통장 등입니다. 그래야 미래를 준비할 수 있기 때문입니다. 그런데 예수님은 세상 통장보다 더 큰 안정과 행복을 주는 '천국 통장'에 대한 말씀을 하셨습니다.

"너희를 위하여 보물을 땅에 쌓아두지 말라…… 오직 너희를 위하여 보물을 하늘에 쌓아 두라 거기는 좀이나 동록이 해하지 못하며 도둑이 구멍을 뚫지도 못하고 도둑질도 못하느니라."(마태복음 6장 19-20절)"

우리의 천국 통장에는 얼마나 많은 돈이 저축되었을까요?

13

우주적 성화(생태, 환경 회복)

우주적 성화(cosmic sanctification)란 인간이 성화될 때 인간만이 아니라 우주 전체(자연, 생태, 환경)가 성화되는 현상을 말합니다. 성경이 가르치는 구원은 단지 영적이고 내면적인 차원만이 아닙니다. 오히려 사회 경제적 차원과 생태문명적인 차원을 포함한 총체적인 구원입니다. 존 웨슬리는 놀랍게도 이런 문제들을 통찰하고, '우주적 성화'를 강조했습니다.

새 창조(New Creation)

존 웨슬리의 성화론에서 '우주적 성화'는 내면적 성화와 사회적 성화만큼 중요한 의미를 가집니다. 웨슬리는 그의 설교 '새 창조(New Creation)'에서 '우주적 성화'를 이렇게 설명했습니다.[84]

"사자는 어린 양을 다시는 찢지 않을 것이다. 어린양의 살과 뼈를 사자의 이빨로 물어뜯지 않을 것이다. 어떤 피조물도, 짐승도, 새도, 물고기도, 서로 해치지 않을 것이다. 잔인성과 야만성과 맹렬함이 사라져 버리고 잊어질 것이다. 다시는 지구의 표면에서 폭력성과 파괴와 낭비가 보이지 않을 것이다…… 아담이 낙원에서 즐겼던 것보다 더욱 훌륭한 성결과 행복을 누리게 될 것이다…… 죽음도 고통도 병도 슬픔도 친구와의 이별도 울부짖음도 없을 것이다. 지금보다 더 위대한 구원이 있을 것이다. 왜냐하면 더 이상 죄가 없을 것이기 때문이다. 거기에서 성령을 통한 성부와 성자와 더불어 끊임없는 교제를 나누게 될 것이다. 삼위일체 하나님의 지속적인 즐거움을 모든 피조물이 누릴 것이다."

새 창조란 본래적인 창조에로의 회복을 말합니다. 이 새 창조는 내면적 성화, 사회적 성화, 그리고 우주적 성화를 모두 포함하는 것입니다.[85] 새 창조는 인간만이 누리는 축복이 아니라 모든 피조물과 함께 누리는 구원입니다. 이 새 창조 신앙은 21세기가 요구하는 지구 살리기,

우주 살리기와 상통합니다.

우주적 구원(The General Deliverance)

또한 존 웨슬리는 로마서 8장 19-22절을 중심으로 한 설교, '우주적 구원(The General Deliverance)에서 다음과 같은 내용으로 '우주적 성화'에 대하여 설교했습니다.[86] 그 내용을 보면 다음과 같습니다.

① 피조 세계의 본래적 상태는 어떠했을까?

인간의 위대함은 하나님과 교제할 수 있다는 데에 있었습니다. 하나님과의 교제야말로 인간과 짐승을 구분하는 특별한 차이였습니다. 존 웨슬리는 그의 설교에서 이렇게 선포합니다. "하나님 아버지와 주 예수 그리스도와 더불어 한결같은 교제를 즐길지어다! 당신의 모든 생각 속에 하나님이 계실 때 당신은 참 인간이 될 것입니다. 그분을 당신의 모든 것이 되도록 하십시오."[87] 하나님과의 교제는 사람만이 가질 수 있는 최고의 완전성이었습니다. 하나님은 최고의 완전성을 가진 아담에게 이렇게 명령하셨습니다.

"하나님이 그들에게 복을 주시며 하나님이 그들에게 이르시되 생육하고 번성하여 땅에 충만하라, 땅을 정복하라, 바다의 물고기와 하늘의 새와 땅에 움직이는 모든 생물을 다스리라."(창세기 1장 28

절)

하나님은 인간을 우주 만물을 돌보고 다스리며 지배하는 청지기 즉 관리인으로 삼으셨습니다. 그것이 바로 인간이 가진 '하나님의 정치적인 형상(political image of God)'입니다. 에덴 동산에서 하나님의 복이 인간을 통하여 자연스럽게 피조 세계에로 흘러갔고, 인간은 창조주와 피조물을 연결하는 위대한 축복의 통로가 되었습니다. 아담은 말로 표현할 수 없는 기쁨으로 모든 피조 세계, 즉 생명이 있든 없든 모든 자연 만물의 질서와 조화를, 맑은 하늘, 찬란하게 솟아오르는 태양, 계절 따라 온갖 다채로운 옷을 입는 땅과 나무와 꽃들을 보고 찬양했습니다.

② 피조물은 현재 어떤 상태에 처해 있는가?

인간의 타락으로 말미암아 인간이 가진 '하나님의 정치적인 형상'이 파괴되었습니다. 정치적인 형상이 파괴됨으로 인간은 만물을 섬기고, 돌보고, 관리하는 청지기가 아니라 우주 만물 위에 폭력적으로 군림하는 지배자가 되었습니다. 이제 인간을 통하여 피조물에게 흐르던 하나님의 복은 더 이상 흐를 수 없었습니다. 그 결과 피조물들은 로마서 8장 20절의 말씀처럼, "피조물이 허무한 데 굴복하게" 되었습니다. 피조물들에겐 서로 죽이고 해하는 상황이 일상화되었습니다. 바울 사도는 그 상황을 로마서 8장 22절에서 이렇게 표현했습니다.

"피조물이 다 이제까지 함께 탄식하며 함께 고통을 겪고 있는 것을 우리가 아느니라."

③ 하나님의 자녀들이 출현할 때 그 피조물은 어떠한 상태로 바뀔 것인가?

"그 바라는 것은 피조물도 썩어짐의 종노릇 한 데서 해방되어 하나님의 자녀들의 영광의 자유에 이르는 것이니라."(로마서 8장 21절)

하나님의 자녀들이 나타나면 우주적 구원이 이루어진다는 것입니다. 비로소 '해방'과 '자유'라는 단어가 나옵니다. 이런 우주적 구원의 전반적인 그림을 요한계시록에서 찾아볼 수 있습니다. 요한계시록 21장을 보면, 흰 보좌에 앉으신 이가 "보라 내가 만물을 새롭게 하노라."(요한계시록 21장 5절)고 말씀 하실 때 모든 피조물에게 다음과 같은 축복이 임하게 됩니다.

"모든 눈물을 그 눈에서 닦아 주시니 다시는 사망이 없고 애통하는 것이나 곡하는 것이나 아픈 것이 다시 있지 아니하리니 처음 것들이 다 지나갔음이러라."(요한계시록 21장 4절)

이제 피조물 사이에 분노라든지 폭력성, 잔인성, 피에 대한 굶주림은 없어지게 될 것입니다. 그제야 이사야 11장 6-9절에서 선포한 이사야의 예언이 성취될 것입니다.

"그때에 이리가 어린 양과 함께 살며 표범이 어린 염소와 함께 누우며 송아지와 어린 사자와 살진 짐승 함께 있어 어린 아이에게 끌리며 암소와 곰이 함께 먹으며 그것들의 새끼가 함께 엎드리며 사자가 소처럼 풀을 먹을 것이며 젖 먹는 아이가 독사의 구멍에서 장난하며 젖 뗀 어린 아이가 독사의 굴에 손을 넣을 것이라. 내 거룩한 산 모든 곳에서 해 됨도 없고 상함도 없을 것이니 이는 물이 바다를 덮음 같이 여호와를 아는 지식이 세상에 충만할 것임이니라."

예수 그리스도의 구속 사역을 통하여 생태, 환경 회복에 대한 비전을 갖게 됩니다. 놀라운 사실은 우리가 마가복음에서 실제로 이사야의 예언이 성취된 것을 보게 됩니다. 마가복음은 예수님이 사십일 동안 금식하시며 사탄에게 시험을 받으실 때 들짐승과 함께 계셨음을 보여주고 있습니다.

"광야에서 사십 일을 계시면서 사탄에게 시험을 받으시며 들짐승과 함께 계시니 천사들이 수종들더라."(마가복음 1장 13절)

'들짐승과 함께 계시니!' 그래서 우리는 예수 그리스도의 구속 사역을 통하여 생태, 환경 회복에 대한 비전을 봅니다. 예수 그리스도는 이사야의 예언을 성취한 메시아이십니다. 첫째 아담이 불순종함으로 인간과 자연의 관계가 깨어졌지만, 둘째 아담인 예수 그리스도의 순종을 통해 그 관계가 회복되었습니다. 이 구원 사역을 위하여 교회가 불림을 받았습니다. 교회는 인간과 자연을 포함한 우주적이고 총체적인 구원을 위해 지금도 일하시는 하나님의 동역자가 되어야 합니다. 존 웨슬리는 우리가 성화되어 우주적 성화를 이루어 가도록 촉구하고 있습니다.

거주불능 지구

인류 문화를 생태, 환경 친화적으로 전환하지 않는다면 인류는 곧 멸망할지 모릅니다. '생태, 환경'의 오염은 먼 나라의 이야기가 아니라 우리가 살아가는 삶의 공간의 이야기입니다. 데이비드 월러스 웰즈(David Wallace Wells)는 그의 책 『2050년 거주불능 지구』(추수밭, 2020)에서 '12가지 기후 재난의 실제와 미래'에 대하여 다음과 같이 정리하고 있습니다.[88]

① 살인적인 폭염- 열사병으로 수많은 사람들이 죽어가게 될 것입니다.
② 빈곤과 굶주림- 땅의 황폐와 전례 없는 가뭄과 폭우로 곡식 생산량이 저하될 것입니다. 그래서 세계의 식량 공급 체계가 무너질 것입니다.

③ 집어 삼키는 바다- 빙하가 녹으면서 해수면이 높아져 많은 도시가 물에 잠길 것입니다. 세계 주요 도시의 2/3가 해안가에 위치해 있습니다.

④ 치솟는 산불- 전 세계 탄소 배출량 원인의 약 12%는 산림 파괴입니다. 그 산림 파괴의 약 25%는 산불이 원인입니다.

⑤ '날씨'로 인한 재난들- '500년에 한 번 있을까 말까' 하는 기후로 인한 재난이 이젠 일상화되고 있습니다.

⑥ 갈증과 가뭄- 세계적인 담수의 70-80%는 식품 생산과 농업에, 10-20%는 공업에, 0.007%만 식수로 사용됩니다. 그런데 가뭄으로 인해 거대 호수가 바닥을 드러내고 있고, 지하수를 무분별하게 끌어다 씀으로 수자원을 둘러싼 국가 간의 '물 전쟁'은 일촉즉발의 위기 상황을 맞고 있습니다.

⑦ 사체가 쌓이는 바다- 바다가 지구 온도 조절 기능을 상실해가고 있습니다. 바다의 컨베이어 벨트라고 불리는 거대한 순환시스템인 해류가 망가지고 있습니다.

⑧ 마실 수 없는 공기- 세계 인구의 95%가 위험할 정도로 오염된 공기를 마시고 있습니다.

⑨ 질병의 전파- 각종 바이러스가 더욱 강하고 빠르게 진화하고 전파되고 있습니다.

⑩ 무너지는 세계 경제- 1929년의 대공황이나 2008년의 금융 위기를 넘어서는 대붕괴가 예상되고 있습니다.

⑪ 기후 분쟁- 헐벗은 지구 위에서 비좁게 살아가는 사람들 사이에

기후로 인한 분쟁과 환경 난민이 증폭하고 있습니다.

⑫ 시스템의 붕괴- 비인간적인 생활 조건이 일상화됨으로 몸과 마음이 무너지고, 사회시스템이 붕괴됩니다.

위의 내용은 아무런 설명을 보태지 않고 그냥 읽기만 해도 소름이 끼칩니다. 이런 일들로 인해 지구는 2050년에 거주불능의 공간이 되고 만다는 것입니다. 이런 예측이 현실로 다가옴을 우리는 매일 신문, 방송을 통하여 확인하고 있습니다. 인류 문명을 생태 친화적으로 빨리 전환하지 않으면 인류는 곧 멸망할지도 모릅니다. 인류가 지구 외에 '우리 집'이라고 부를 수 있는 행성은 없습니다. 교회는 2050년에 거주 불가능한 지구의 위기 앞에서 성경적으로 응답할 수 있어야 합니다.

'생태, 환경'을 보전하기 위하여 교회 공동체의 특별한 각오와 다짐이 요구됩니다. 미래를 주제로 한 영화를 보면 비슷한 흐름을 발견할 수 있습니다. '에일리언', '터미네이터', '매트릭스'…… 이 미래 영화들의 공통점은 암울한 미래를 그리고 있다는 점입니다. 혹시 밝고, 유쾌하고, 따뜻하고, 희망적인 미래를 그린 영화를 본적이 있으신지요? 거의 없을 것입니다. 누가 지시한 것도 아닐 텐데…… 메가폰을 잡은 영화감독들은 하나같이 암울한 미래를 그리고 있습니다. 영화에 나오는 사람들은 잔인하고, 이기적이고, 인간미가 없고, 끔찍한 사이코패스들입니다. 사람만이 아니라 미래의 자연도 끔찍하긴 마찬가지입니다. 인류의 미래에 대한 암울한 영화들은 현대인의 자화상을 그대로 반영하고 있습니다. 즉 이런 식으로 계속 살아간다면, 인류의 미래는 어두울 것이라는 예측을 모두가 하고 있다는 것입니다.

"누가 이런 암울한 미래를 밝은 미래로 변화시킬 수 있을까요?"

"작은 예수로 살고자 하는 '나' 자신으로부터!"

"언제부터 이런 암울한 미래를 밝은 미래로 변화시켜야 하나요?"

"내일이 아니라 '지금'부터!"

"어떻게 이런 암울한 미래를 밝은 미래로 변화시킬 수 있을까요?"

"우리가 성화됨으로!"

지금부터, 나 자신부터, 성화의 삶을 결단하지 않으면 암울한 미래는 우리의 현실이 될 것입니다.

코로나19 바이러스 상황에서 '개신교 21개 단체, 주일 예배 당분간 중단하고 문명 성찰 계기 삼아야'라는 제목의 성명이 신문에 발표된 적이 있습니다.[89] 거기에 이런 내용이 있습니다.

> "인간의 생태계 파손 행위가 동물 간의 터전을 파손하고, 동물들을 숙주로 하는 미생물들을 자극해 질병으로 되돌아오고 있습니다. 그러므로 신종 코로나19 바이러스 감염 사태는 생태계를 파괴해가며 성장과 발전을 이루고자 했던 현대 문명을 향해 지금이라도 방향과 태도를 바꾸라는 경고입니다. 우리가 지금과 같은 형태의 생태 파괴적인 삶을 이어간다면 앞으로 또 다른 변종 바이러스가 끊임없이 출현할 것입니다. 이제 우리는 인간의 건강이 동물뿐

아니라 생태계 전체의 건강과 긴밀히 연결되어 있다는 사실을 속히 받아들여 문명사적인 전환을 이루어야 합니다."

필자는 언젠가 '해 됨도 없고, 상함도 없는'이라는 제목으로 생태, 환경에 대한 설교를 한 적이 있습니다. 설교 후 코로나 감염 때문에 점심 식사로 주문 도시락을 먹었습니다. 주문 도시락은 환경을 파괴하는 플라스틱 쓰레기를 만들어냅니다. 조금 전에 '생태, 환경'에 대한 설교를 하고, 그 설교의 여운이 채 가시기도 전에, 플라스틱 주문 도시락을 먹고 있는 제 모습이 참 우스꽝스러웠습니다. 생태, 환경을 파괴하는 생활 습관이 우리 삶 깊숙이 뿌리를 내렸다는 증거이지요. '종이컵을 사용하지 않으면 우리 생활에 어떤 일이 벌어질까?'를 생각해봤습니다. 종이컵을 사용하지 않으려면 '머그 잔'이나 보온병을 가지고 다녀야 할 것입니다. 주일에 성경과 찬송가와 함께 머그잔을 가지고 와야 한다는 것입니다. 거추장스러운 일입니다. 생각의 결론은 '생태, 환경'을 보존하려면, 불편을 감수하려는 공동체의 특별한 각오와 다짐이 필요하다는 것입니다.

필자의 교회는 연중 '온전한 삶, All 바르게'라는 생태 환경 보전 캠페인을 전개하고 있습니다. 이 캠페인은 교회의 '생태 환경 보전위원회'가 주관합니다. 매주일 주보에 간단한 메시지와 함께 그 달에 실천할 사항을 홍보하는데, 이 달(2022년 3월)의 내용을 예로 적어 봅니다.

"우리가 건설하려는 사회는 경제 성장이나 소비주의보다는 삶의 질을 강조한다. 나는 새로운 사회가 어떠해야 한다는 거창한 계획을 갖고 있지 않다. 일종의 유토피아가 되어야 한다고 말할 생각도 없다. 삶은 계속되는 한 늘 그랬듯이 고난과 시련이 따를 것이다. 그러나 우리가 탄소를 제한하지 않는다면 그런 삶 자체도 지속될 수 없다."

-마크 라이너『6도의 멸종』중에서,

-3월의 실천: 일회용 금식

코로나19 바이러스 상황은 우리가 얼마나 생태 환경을 무시하고 살아왔는지 보여줍니다. 코로나19 바이러스 사태는 그동안 얼마나 탐욕스럽게 살았는지 우리의 민낯을 적나라하게 드러냈습니다. 뒤돌아보니 우리가 굉장히 열심히 산 것 같지만 사실 우리 머리 위에 재난을 쌓아온 것입니다. 이제 교회는 생태 친화적 문명으로 전환하고, 탄소 제로 사회를 만들기 위해 어떻게 실천해야 할지를 고민해야 합니다. 교회는 '우주적 성화'를 실천하는 공동체가 되어야 합니다. 그것이야 말로 코로나19 바이러스 이후 하나님께서 기대하시는 '교회됨'이라고 생각합니다.

코로나19 바이러스 이후 한국 교회의 과제들과 실천

한국 교회가 기독교 영성, 공동체성, 공교회성, 공공성을 회복하려면 어떻게 해야 할까요? 4부에서는 코로나19 바이러스 상황에서 성화의 삶을 살아가려는 한국 교회 성도들이 실천해야 할 과제들이라고 여겨지는 것들을 나누고자 합니다. 이 과제들은 필자의 교회에서 작게나마 시행하고 있는 것들이기도 합니다.

코로나19 바이러스는 역사를 BC(Before corona)와 AC(After corona)로 가른다고 할 정도로 우리 사회에 급격한 변화를 주고 있습니다. 특히 교회 공동체에 주는 영향은 가히 충격적입니다. 교회의 본질은 모이는데 있습니다. 기본적으로 모이지 않으면 교회는 제 기능을 발휘할 수 없습니다.

"모이기를 폐하는 어떤 사람들의 습관과 같이 하지 말고 오직 권하여 그날이 가까움을 볼수록 그리하자."(히브리서 10장 25절)

성경은 말세가 가까워질수록 모이기를 힘쓰라고 권면하고 있습니다. 그러나 코로나19 바이러스는 모임 자체를 갖지 못하게 합니다.

사회학자들은 현대 사회가 정보 기술의 혁혁한 발전으로 '초연결 비대면 사회'로 나아가고 있다고 진단합니다. 단지 코로나19 바이러스가 이런 현상을 갑작스럽게 불러와 충격을 줬을 뿐이라는 것입니다. 이런 상황을 겪으면서 목회자로서 교회와 목회에 대한 진지한 고민과 성찰을 하지 않을 수 없습니다. '어떻게 초연결 비대면 사회에서 복음을 전파하고, 교회의 본질을 구현할 수 있을까?' 무슨 특별한 프로그램이 아니라 근본적인 패러다임의 전환이 필요한 시대입니다.

14

온 백성에게 칭송을 받는 공동체

한국 교회는 그동안 공공성을 결여하여 사회적 신뢰도를 떨어뜨렸습니다. '왜 한국 교회는 공공성에 대한 인식이 부족할까?' '왜 한국 교회는 이토록 비상식적일까?' '왜 한국 교회는 세상과는 다른, 차원 높은 공공성의 수준을 보여주지 못할까?' 이런 질문이 자연스럽게 나옵니다. 코로나19 바이러스 사태로 야기된 예배 문제와 관련하여 '페이스북'에 회자된 말입니다. "예배드리면 죽인다고 칼이 들어올 때 예배드리는 것이 신앙입니다. 그러나 예배 모임이 칼이 되어 남들의 목숨을 위태롭게 하면 모이지 않는 것이 신앙입니다."[90] 우리는 세상으로 보냄을 받은 그리스도의 제자로서 세상에 대한 책임을 다하여야 합니다. 세상 사람들은 책임을 다하는 그리스도인을 통해 예수 그리스도를 만납니다. 우리는 책임을 다하는 삶을 통해 복음을 증거해야 합니다. 우리 그리스도인이 책임을 다하지 않을 때 기독교는 '신천지' 이단과 다를 바가 없다고 평가 받게 됩니다.

초대 예루살렘 교회의 공공성

초대 예루살렘 교회의 공공성 면면을 알아보기 위하여 사도행전 2장 42-47절을 살펴보고자 합니다.

1) 초대 예루살렘 교회는 사도의 가르침을 받는 교회였습니다.

예루살렘 교회의 성도들은 하나님의 말씀에 대한 순수한 배고픔과 갈증을 가지고 있었습니다. 특히 예루살렘 교회가 힘 있는 교회가 된 것은 하나님의 말씀과 함께 사는 교회였기 때문입니다. 좋은 교회는 배움의 분위기가 조성된 교회입니다. 좋은 그리스도인은 늘 배우는 그리스도인입니다. 실제로 주님을 사랑하는 성도들의 삶의 태도 중의 하나는 주의 말씀을 사모한다는 것입니다.

군대에 가서 애인으로부터 편지를 받으면 입은 함박만큼 벌어져서 편지를 읽습니다. 훈련 중의 짧은 휴식 시간에도, 잠들기 전에도, 화장실에 가서도 읽고 또 읽습니다. 마치 애인이 옆에 있는 것처럼 비실비실 웃어가면서, 애인과 마주 앉아 있는 것처럼 느끼면서 읽고 또 읽습니다. 글자 한 자 한 자의 의미를 새겨가면서, 행간에 묻어둔 의미까지 파헤쳐 가면서…… 결국에는 다 외우지요? 여기에는 머리가 좋고 나쁘고 상관이 없습니다. 다 외웁니다. 그 이유는 사랑하기 때문입니다. 실제로 하나님과의 관계가 제대로 된 신앙인, 주님을 사랑하는 성도, 주님의 사랑을 맛본 성도는 하나님의 말씀을 가까이 하지 않을 수 없습니다. 말씀을 배우는 것이 초대 예루살렘 교회의 모습이라면 그것은 우리의 모습이어야 하고, 말씀을 사모하는 것이 예루살렘 교회가 능력과 풍성함을 누리게 된 비결이라면 오늘 우리도 하나님의 말씀의 가르침과 배움을 통하여 이 능력과 풍성함을 누려야 합니다.

2) 초대 예루살렘 교회는 사랑의 교제가 있는 교회였습니다.

"…… 서로 교제하며 떡을 떼며……."(사도행전 2장 42절)

"믿는 사람이 다 함께 있어 모든 물건을 서로 통용하고 또 재산과 소유를 팔아 각 사람의 필요를 따라 나눠주며."(사도행전 2장 44-45절)

"날마다 마음을 같이하여 성전에 모이기를 힘쓰고 집에서 떡을 떼며 기쁨과 순전한 마음으로 음식을 먹고."(사도행전 2장 46절)

이 모든 말씀은 초대 예루살렘 교회가 사랑의 공동체였음을 알려줍니다. 초대 예루살렘 교회의 교우들은, 힘닿는 데까지 서로를 향하여 가진 것을 나누었습니다. 정성껏 음식을 준비해 서로 나눠 먹었습니다. 그들은 이 일을 '기쁨과 순전한 마음으로' 했다고 기록하고 있습니다. 즉 부담을 느낀 것이 아니라 기뻐서 누가 먼저랄 것도 없이 그 일에 참여합니다.

누가 뭐라고 해도 교회는 '사랑의 공동체'가 되어야 합니다. 교우들이 둘 셋만 모이면 서로를 위해 염려해주고 사랑해주고 어려움을 당한 가정과 이웃을 위해 무릎을 맞대고 기도해준다면, 그런 사랑이 기쁨과 순전한 마음으로 흘러나온다면, 교회가 교회되는 것이 아니겠습니까?

3) 초대 예루살렘 교회는 공공성을 실천하는 교회였습니다.

> "사람마다 두려워하는데 사도들로 말미암아 기사와 표적이 많이 나타나니."(사도행전 2장 43절)

> "하나님을 찬미하며 또 온 백성에게 칭송을 받으니 주께서 구원받는 사람을 날마다 더하게 하시니라."(사도행전 2장 47절)

'사람마다 두려워하는데', '온 백성에게 칭송을 받으니'라는 구절이 눈에 들어옵니다. 이 구절들은 초대 예루살렘 교회가 신생 공동체였지만 공공성을 실천한 공동체였음을 보여줍니다.

예루살렘 교회는 '사람들이(교우들뿐만 아니라)' 보고 두려워할 만한 모습을 보여주었습니다. 사람들이 왜 두려워합니까? 왜 가만히 있는 교회를 두려워합니까? 그것은 변화가 있었기 때문입니다. 교회에 나오더니 사람이 달라졌습니다. 예수님을 믿는다고 하더니 가정이 달라졌습니다. 직장이 달라졌습니다. 아버지가 달라지고 어머니가 달라지고 자식들이 달라졌습니다. 마땅히 교회는 변화가 일어나고 또 변화의 표적이 뒤따라야 합니다. 이런 변화가 있을 때 세상 사람들은 교회를 만만히 보지 못하고 두렵게 생각하게 됩니다. 반대로 교회에 아무런 변화가 없으면 교회는 무시를 당하게 됩니다. 이 세상은 "그리스도인이 무엇을 믿느냐" 하는 것을 보지 않고 "그리스도인이 얼마나 변화된 삶을 사느냐"를 봅니다.

또한 초대 예루살렘 교회는 '온 백성에게(교인들뿐만 아니라)' 칭송을 받았습니다. 기독교는 '신천지' 이단처럼 세상과 분리된 공동체가 되어서는 안 되고, 비상식적인 집단이 되어서도 안 됩니다. 초대 예루살렘 교회는 세상 사람들로부터 칭송을 받았습니다. 예루살렘 교회는 세상의 윤리 수준을 압도하는 섬김을 통해 공공성을 실천했습니다. 초대 예루살렘 교회는 공공성이 견고한 공동체였습니다. 이것이 교회의 원래 모습이었습니다.

새로운 대안 사회적 네트워크

기독교가 성장하게 된 중요한 요인 중의 하나는 대역병 시기에 교회가 공공성을 발휘했기 때문입니다. 전염병과 기독교의 관계를 논할 때 가장 많이 인용되는 책 중의 하나가 로드니 스타크(Rodney Stark)가 쓴 『기독교의 발흥』(좋은 씨앗, 2006)입니다. 부제는 '사회학자의 시선으로 탐색한 초기 기독교 성장 요인'입니다. 초기 기독교가 어떤 요인으로 인해 성장했는가를 사회과학자의 시선으로 바라보았기 때문에 색다른 통찰력을 우리에게 줍니다. 그는 책 4장에서 기독교가 성장하게 된 중요한 요인 중의 하나가 대역병이라고 말합니다.[91] 전염병이 창궐할 때 기독교는 어떻게 반응했습니까?

첫째, 기독교는 대역병으로 인한 참사에 대하여 신앙적인 위로와 소망을 주었습니다.

대역병은 이방 종교와 그리스 철학으로 설명하고 위로할 수 있는 범위를 훌쩍 뛰어넘었습니다. 반면 기독교는 재앙에 대한 신앙적인 위로와 소망을 제시해주었습니다. 천국의 존재를 제시하고, 죽음을 두려워하지 않는 영성을 보여줌으로써 절망에 사로잡혀 있는 로마 시민에게 희망을 주었습니다.[92] 당시 카르타고의 주교였던 키프리안의 글을 인용해봅니다.

> "비록 의인이 불의한 자와 함께 죽어가고 있지만 여러분은 멸망이 악인이나 선한 자나 모두에게 공통된 것이라고 생각해서는 안 됩니다. 의인은 위로로 부름을 받고, 불의한 자는 고통으로 끌려갑니다. 믿는 자에게는 이내 보호의 손길이 주어지지만 불신자에게

> 는 징벌이 따릅니다…… 무섭고 치명적인 이 역병과 흑사병이 각 사람의 공의를 검증하고, 되돌아보는 계기가 되니 얼마나 시의 적절하고, 얼마나 필요한 일인지 모릅니다. 건강한 자가 병든 자를 돌보는지, 친족끼리 서로 사랑의 도리를 다하는지, 주인이 병든 노예에게 자비를 베푸는지, 의사가 고통 받는 자를 저버리지 않는지가 드러나게 됩니다…… 우리에게는 이것이 죽음이 아니라 훈련입니다. 기독교인은 이 훈련을 통하여 면류관과 영광을 얻기 위하여 힘차게 앞으로 나아갑니다." [93]

둘째, 기독교인은 대역병 시기에 높은 생존율을 보여줬습니다.

인구의 1/3이 죽어 나가는데 기독교인의 사망률은 현저히 낮았습니다. 그런 모습 자체가 로마인들에게는 기적처럼 보였습니다. 사망률이 낮았던 이유는 기독교인들이 다른 종교인들보다 더 청결했을 뿐만 아니라 무엇보다 서로 사랑하는 공동체였기 때문입니다. 모든 사회적인 서비스가 중단되었을 때 기초적인 간호만으로도 사망률을 낮출 수가 있었습니다. 이방 종교인들은 전염병이 발생하면 그곳으로부터 도망치려고 하였으나 기독교인들은 사랑과 구제를 통하여 그들에게 다가갔습니다. 당시 알렉산드리아 주교였던 디오니시우스의 설명을 들어봅시다.

> "이교도는 정반대로 행동했습니다. 이교도들은 질병이 처음 발생하자 아픈 자들을 내쫓았고, 병자와 가장 가까이 있는 자들이 먼저

도망쳤으며, 병자가 죽기도 전에 거리에 내다버리고 매장하지 않은 시신을 흙처럼 취급했습니다. 그들은 이렇게 함으로써 치명적인 질병의 확산과 전염을 피하고자 했으나 이내 아무리 몸부림쳐도 도망치기 어렵다는 것을 깨달았습니다." [94]

로마 시민이 볼 때 기독교는 기존 종교와는 현저히 다른 종교이자 감동을 자아내는 공동체였습니다. [95]

셋째, 기독교는 새로운 대안 사회적 네트워크를 제공했습니다.

로드니 스타크는 그의 책에서 '개종'이라는 것은 '교리적 흡입력' 때문에 일어나는 것이 아니라고 분석했습니다. 개종은 먼저 친밀한 교제의 끈이 형성되어야 일어난다는 것입니다. 개종은 사람들이 세상 사람들보다 기독교인들과 더 강한 애착 관계를 형성했을 때 일어난다는 것입니다. 대역병으로 기존의 사회적인 네트워크가 해체될 때 기독교는 희생적인 사랑을 통해 새로운 애착 관계를 형성했다는 것입니다. [96] 로드니는 이 세 가지 요인으로 인해 기독교가 성장하지 않을 수 없었다고 했습니다. 결국 기독교가 성장한 배경에 공공성이 있었습니다. 코로나19 바이러스 상황에서 한국 교회는 이 점을 놓치지 말아야 합니다.

개인이나 단체나 공공성을 가져야 보람을 느끼고, 영원성을 가집니다. EBS 방송에(2020.8.15) 100세의 김형석 교수가 나와서 유한양행 창립자이신 고 유일한 선생에 대하여 말씀했습니다. 그가 강연에서 "기업은 공공성을 가져야 가치 있고, 영원성을 가지게 된다."라는 의미의 인상 깊은 말씀을 했습니다. 그 예로, 그 당시 박흥식 씨가 이룬 '화신백화점' 과 유일한 선생이 설립한 '유한양행'을 비교했습니다. 개인의 부의 축적 에 목적을 둔 화신백화점은 단명한 반면 공공성을 추구하였던 유한양 행은 장수한다는 것입니다. 그렇기 때문에 기업인, 학자, 관료 등 누구 일지라도 공공성을 가져야 그 삶이 보람 있고 영원성을 가진다고 결론 을 맺었습니다. 한국 교회도 공공성을 더욱더 강화하여 세상에 영향력 을 끼치고, 어렵고 힘들게 살아가는 이웃을 향한 따스한 시선을 가져야 하겠습니다. 이럴 때 코로나19 바이러스 이후에도 이 사회가 소중히 여 기는 교회 공동체로 자리매김하게 될 것입니다.

필자가 섬기고 있는 교회는 오래전부터 공공성의 중요성을 알고 실 천해온 교회입니다.

교회가 운영하는 사회 복지 법인 '성육원'과 '수표교 어린이집'은 그 실천의 하나입니다. 성육원 산하에는 고아를 돌보는 '보육원'과 노인을 돌보는 '요양원'이 있습니다. '보육원'에서는 직원 32명이 54명의 학생들 을 돌보고 있고, '요양원'에서는 직원 49명이 어르신 88명을 섬기고 있습 니다. 또한 '수표교 어린이집'에서는 12명의 직원이 78명의 어린이들을 가르치고 있습니다.

코로나19 바이러스 상황의 장기화로 위기에 처한 이웃들이 많습니 다. 이때야말로 교회가 공공성을 회복할 좋은 기회라고 생각합니다. 위 기의 시기에 교회가 어떻게 생존할 것인가에 골몰하지 말고, 과감하게 시선을 바깥으로 돌려봅시다. '주다가 망하자'라는 각오로 어려운 이웃을 섬겨 공공성을 회복할 때 비로소 살길이 열리리라 믿습니다. 한국 교회는 반드시 공공성을 회복하여 칭찬받는 공동체로 거듭나야 합니다.

15

모두가 행복한 공동체

모두가 행복해야 '내가' 누리는 행복이 진정한 행복이 됩니다. '우분투'라는 말을 들어보셨지요? '우분투'란 아프리카 반투족 언어로 '네가 있기에 내가 있다'라는 의미입니다. 즉 '모두가 행복해야 행복합니다.'라는 의미이지요. 아프리카 부족에 대해서 연구 중이던 어느 인류학자가 한 부족 아이들을 모아 놓고서 게임 하나를 제안했습니다. 나무 옆에다 아프리카에서는 보기 드문 싱싱하고 먹음직스런 딸기를 한 바구니를 놓고 누구든지 먼저 바구니까지 뛰어간 아이에게 과일을 다 주겠노라고 했습니다. '출발!'이라는 신호가 떨어지자 인류학자의 예상과는 달리 그 아이들은 마치 약속이라도 한 듯이 서로의 손을 잡았습니다. 그리고 손을 잡은 채로 함께 달리기 시작했습니다. 아이들은 과일 바구니에 다다르자 모두 둘러 앉아 서로 키득거리면서 즐겁게 과일을 나누어 먹었습니다. 인류학자가 아이들에게 물었습니다. "누구든지 1등으로 간 사람에게 과일을 다 주려고 했는데 왜 함께 달렸느냐?" 그러자 아이들의 입에서 합창을 하듯이 '우분투'라고 대답했습니다. 모두가 행복해야 행복합니다. 그래야 내가 누리는 행복이 진정한 행복이 됩니다. 이것을 '공동체 의식'이라고 말할 수 있을 것입니다. 뒤집어 말하면, '공동체 의식'이란 '모두가 행복해야 행복하다'를 삶의 가치 중심에 놓은 태도입니다.

제 4계명, 대안 공동체 규례

십계명의 제 4계명, 안식일 계명은 공동체 의식을 회복하는 대안 공동체의 규례입니다. '공동체 의식'이란 관점에서 제 4계명인 '안식일을 지키라.'는 계명을 살펴보고자 합니다. 안식일을 거룩히 지키라고 명하신 이유가 무엇입니까?

1) 일주일에 하루를 성별한다는 의미가 있습니다.

안식일은 철저하게 하나님을 위하여 성별된 날입니다. 이 점은 출애굽기의 본문과 신명기의 본문에 똑같이 나타나 있는데, 두 본문이 모두 안식일은 "너의 하나님 여호와의 날"임을 분명히 하고 있습니다.

"일곱째 날은 네 하나님 여호와의 안식일인즉……."(출애굽기 20장 10절)

"일곱째 날은 네 하나님 여호와의 안식일인즉……."(신명기 5장 14절)

안식일이 여호와의 날이라는 진리를 다른 성경 본문에서도 찾아볼 수 있습니다.

"내 안식일을 지키고 내 성소를 귀히 여기라 나는 여호와이니라."(레위기 19장 30절)

"여호와께서 이같이 말씀하시기를 나의 안식일을 지키며 내가 기뻐하는 일을 선택하며……."(이사야 56장 4절)

안식일은 철저하게 하나님을 위하여 성별된 날입니다.

2) 안식일은 하나님과 특별한 교제를 갖는 날입니다.

최초의 안식일을 생각해보십시오. 6일 동안 우주 만물을 창조하신 하나님은 아마도 제 6일이 끝나기 직전 황혼녘에 창조의 걸작품이요, 면류관인 인간을 만들었을 것입니다. 창조의 성업이 끝난 다음날, 안식일에 하나님은 안식하셨습니다. 그러므로 창조된 인간이 세상에서 만난 첫날은 안식일이었습니다. 그날 인간은 하나님이 만드신 아름다운 세계에서 하나님의 창조를 즐기며, 하나님과 교제하는 더 할 수 없는 축복을 누렸습니다.

우리는 여기서 중요한 사실 하나를 깨닫게 됩니다. 인간은 그 무엇보다(일보다) 먼저 '안식'이 필요한 존재라는 사실입니다. 그런데 그 안식은 하나님의 임재 안에서만 얻을 수 있습니다. 인간이 하나님의 임재 안에서 안식을 얻는 것을 '예배'라고 말합니다. 그러므로 예배가 없는 쉼이란 그냥 '일의 중단'일 뿐 참 안식이 아닙니다. 성 어거스틴은 이렇게 고백했습니다. "우리의 영혼이 그리스도에게 돌아가 쉴 때까지는 우리에게 결코 평안함이 없었나이다." 인간의 안식은 하나님의 임재를 경험하는 예배를 통하여 얻을 수 있습니다.

3) 제 4계명, 안식일 계명에는 축복과 저주가 있습니다.

창세기 2장 3절에서 "하나님이 그 일곱째 날을 복되게 하사 거룩하게 하셨으니……."라는 말씀이 있습니다. '복되게 하사!' 하나님께서 복 주신다고 약속한 날은 이레 중에 이 날밖에 없습니다. 반면에 이 계명을 불순종하는 사람들에게는 저주가 있었습니다. 하나님은 출애굽기 35장 2절에서 "엿새 동안은 일하고 일곱째 날은 너희를 위한 거룩한 날이니 여호와께 엄숙한 안식일이라 누구든지 이 날에 일하는 자는 죽일지니."라고 말씀하셨습니다. 실제로 민수기 15장 32절 이하에 안식일에 나무를 한 사람을 돌로 쳐 죽이는 사건이 기록되어 있습니다.

4) 제 4계명, 안식일 계명에는 '사람을 정기적으로 숨을 돌리고 쉬게 하라.'는 의미가 있습니다.

안식일은 일만 하다가 몸과 마음이 병드는 사태를 방지하기 위하여 숨을 돌리는 날입니다. 잠시 숨을 돌려 마음과 몸의 기운을 회복하는 날입니다. 예나 지금이나 주인은 안식일이든 아니든 제 알아서 언제든지 쉴 수 있습니다. 그러나 종들은 그렇지 않습니다. 그들의 신분으로 볼 때 쉬는 날을 제정해놓지 않으면 평생 쉼 없이 일하다가 골병이 들어 죽고 맙니다. 그런 점에서 안식일 법은 집안의 종, 나그네, 심지어 짐승까지 쉼을 명령한 너무도 인간적인 법입니다.

"너는 엿새 동안에 네 일을 하고 일곱째 날에는 쉬라 네 소와 나귀가 쉴 것이며 네 여종의 자식과 나그네가 숨을 돌리리라."(출애굽기 23장 12절)

이처럼 정기적으로 쉬면서 숨을 돌리는 것이 필요한데, 얼마 만에 한 번씩 숨을 돌려야 합니까? 여기서 하나님이 6일 동안 일하고 일곱째 날에 쉬신 것을 모델로 제시합니다.

"이같이 이스라엘 자손이 안식일을 지켜서 그것으로 대대로 영원한 언약을 삼을 것이니 이는 나와 이스라엘 자손 사이에 영원한 표징이며 나 여호와가 엿새 동안에 천지를 창조하고 일곱째 날에 일을 마치고 쉬었음이니라 하라."(출애굽기 31장 16-17절)

6일 동안 일하고 일곱째 날에 쉬는 것이 하늘의 법칙입니다.

5) 제 4계명, 안식일 계명은 공동체 의식을 회복하는 대안 공동체의 규례입니다.

신명기는 안식일을 지켜야 하는 이유를 출애굽기와 다르게 말합니다. 출애굽기는 창조와 연결합니다. 그러나 신명기는 이집트 생활과 연결합니다. 신명기는 이집트에서 종으로 생활했던 것을 기억하라고 신명기 5장 15절에서 강조합니다. "너희가 종이었기 때문에 안식하지 못했던 경험이 있지 않느냐? 못 살겠다고 내게 탄원하지 않았느냐? 그러니 너희는 역지사지의 심정으로 반드시 안식일을 지켜라. 주인만 쉬는 것이 아니라 자녀들도 쉬고, 종들과 나그네들도 쉬고, 가축들도 쉬게 하라."

월터 브루그만은 그의 책 '안식일은 저항이다'(복 있는 사람, 2015)에서 이렇게 말했습니다. "율법은 이스라엘 백성이 탈출한 이집트에 대한 대안 공동체를 어떻게 이룰 것인가에 대한 답으로 주셨다. 율법을 열 가지로 정리한 것이 십계명이고, 그중 대안 공동체의 핵심은 안식일을 지키라는 제 4계명이다."[97]

다른 신과 여호와 하나님을 비교할 때 그들 사이에 어떤 차이가 있습니까? 제 4계명의 맥락에서 보면, 다른 신들은 사람들을 쉬지 못하게 들볶습니다. 이집트가 믿는 신들은 풍요와 세상적인 성공을 약속하고, 현실의 부조리를 은폐하면서 사람들로 하여금 쉬지 못하게 합니다. 이집트의 바로 왕은 이스라엘 백성을 쉬지 못하게 하고, 더 과중한 짐을 지우고, 서로 경쟁을 부추기고, 끊임없는 욕망을 부채질했습니다. 하지만 여호와 하나님은 그 자신이 쉬는 신이며, 백성들을 쉬게 하는 하나님이십니다.

6) 십계명의 열 번째 계명, '탐내지 말라'도 '안식일을 지키라'는 제 4계명의 맥락에서 이해할 수 있습니다.

이집트의 체제는 사람들에게 막중한 노동을 강요합니다. 이것을 충동질하는 힘이 '소유욕'입니다. 소유욕이 경쟁심을 유발하고, 남의 것을 빼앗게 합니다. 이런 탐욕의 체제는 과부와 고아와 나그네를 억압하는 체제이며, 소유를 빼앗긴 가난한 자들을 양산하는 시스템입니다. 그래서 십계명의 마지막 계명은 '탐내지 말라.'는 것입니다. '네 이웃의 아내를 탐내지 말지니라 네 이웃의 집이나 그의 밭이나 그의 남종이나 그의 여종이나 그의 소나 그의 나귀나 네 이웃의 모든 소유를 탐내지 말지니라.'

그러면 어떻게 탐욕을 근절할 수 있습니까? 바로 제 4계명의 실천을 통해서입니다. '안식일을 지키라.'는 것은 지나친 노동을 금하고, 노동 착취를 근절하고, 탐욕을 원천적으로 봉쇄하는 사회적인 제도입니다. 결론적으로 말하면, 제 4계명, '안식일을 지키라.'는 계명은 공동체 의식을 회복하는 대안 공동체의 규례라는 것입니다.

자본주의의 약점

자본주의는 많은 장점에도 불구하고 경제적인 불평등을 조장하여 공동체 의식을 약화시킨다는 약점이 있습니다. 앤디 스턴(Andy Stern)은 '노동의 미래와 기본 소득'(갈마바람, 2019)이라는 책에서 자본주의의 중요한 특징을 다음 두 가지로 설명했습니다.[98]

하나는, '성장과 소득의 대분리'입니다. 무슨 말인가 하면, 자본주의 사회에서는 경제가 성장하면 할수록 오히려 소득의 격차가 줄어드는 것이 아니라 커진다는 것입니다. 그 이유는 기계화와 노동 유연성의 증가로 고용 없는 성장과 임금 없는 성장이 일상화되기 때문입니다. 더군다나 초지능, 초연결, 초융합의 특징을 갖는 4차 산업 혁명 시대를 맞이하면서 수많은 일자리가 사라지게 될 것입니다. 따라서 계층 간, 직업 간 소득의 격차가 커지고, 실업률이 가파르게 상승하게 됩니다. 우리는 지금 이런 현상을 경험하고 있고, 앞으로도 더 많이 경험하게 될 것입니다.

둘째는, '고용주와 노동자의 대분리'입니다. 현대 자본주의에서는 고용주들이 일자리를 잘게 나누어 외주화함으로써 고용주와 노동자라는 고용 관계를 없앱니다. 노동의 외주화로 말미암아 이제는 아무도 노동자에 대해 책임을 지지 않습니다. '노동자를 일인 기업가로 여긴다.'는 말은 고용 관계의 해체를 은폐한 미사여구에 불과합니다. 비정규직 노동자의 비율이 엄청나게 커졌습니다. 이런 자본주의의 특징으로 말미암아 경제적인 불평등은 상상을 초월하고 있습니다.

이런 소득 불평등 현상을 토마스 피케티(Thomas Piketty)는 '21세기 자본'(글항아리, 2014)이란 책에서 잘 설명합니다.[99] 소득에는 두 가지 종류가 있는데 '자본에 의한 소득'과 '노동에 의한 소득'입니다. 현대 자본주의에서는 자본을 통한 소득 상승률이 노동을 통한 소득 상승률보다 비교할 수 없을 정도로 큽니다. 이러다보니 자본 소득을 거의 갖지 못하고 오직 노동 소득을 통해서만 생활하는 사람들과 높은 자본 소득을 얻는 부자들의 격차는 날이 갈수록 커질 수밖에 없습니다. 현대 자본주의는 노동이 돈을 버는 것이 아니라 돈이 돈을 법니다. 돈을 가진 자들이 부를 독식합니다. 이런 이유로 우리가 누리는 자본주의는 많은 장점에도 불구하고 경제적인 불평등을 조장하여 공동체 의식을 약화시킵니다.

나누는 복

안교성은 국민일보(2021. 10. 15.)의 '바이블 시론'에서 다음과 같이 주장했습니다.

> "인간의 삶이란 게 제한된 자원과의 싸움인지라 그것을 원하는 욕망이 있고, 모두가 그 욕망을 채울 수 없기에 적절하게 조정하는 통제도 있다. 통제는 사회적으로는 법질서를 통해 사회를 합법적으로 이끄는 도덕이 있고, 개인적으로는 성찰을 통해 개인을 인도

주의적으로 이끄는 윤리가 있다. 전자를 위한 대표적 주체가 정치라면 후자를 위한 대표적 주체는 종교다. 그런데 두말할 나위 없이 오늘날 한국인은 정치 범람 속에서 정치 부재를 경험한다. 뿐만 아니라 종교 범람 속에서 종교 부재도 경험한다. 홍수 속의 갈증이라고 할까?"

실제로 종교 부재, 정치 부재를 경험하면서 우리는 성경에 눈을 돌립니다. 바울 사도는 에베소 교회 장로들과 마지막 작별을 하면서 다음과 같이 당부했습니다.

"범사에 여러분에게 모본을 보여준 바와 같이 수고하여 약한 사람들을 돕고 또 주 예수께서 친히 말씀하신 바 주는 것이 받는 것보다 복이 있다 하심을 기억하여야 할지니라."(사도행전 20장 35절)

코로나19 바이러스로 우리 사회의 양극화가 심화되는 요즈음 성도들에게 '주는 복'을 가르치면 어떨까요?

한국 교회는 우리 사회의 중요한 아젠다를 신학적으로 꾸준히 환기시켜 모두가 행복한 공동체의 꿈을 나누어야 합니다. 그동안 한국 교회는 우리 사회의 '양극화 해소', '한반도 평화', '생태 환경' 등의 문제를 외면함으로써 대사회적인 영향력을 상실하였습니다. 좀 더 솔직히 말하면, 한국 교회는 이런 중요한 이슈를 방관함으로써 지식인 사회에서 소외되고 말았습니다. 코로나19 바이러스 상황이 날로 심각해지지만 아무도 한국 교회에 이런 중요한 아젠다를 함께 의논해보자고 제안하지 않습니다. 한국 교회의 위상이 이렇게 전락되었습니다. 따라서 코로나19 바이러스 사태 이후에 한국 교회가 서둘러 관심을 가져야 할 부분은 우리 사회의 중요한 아젠다를 신학적으로 꾸준히 환기시키는 일입니다. 이렇게 함으로써 공동체 의식을 회복하는 일에 일조하여 모두가 행복한 공동체의 꿈을 나누어야 합니다.

16

해함도 없고, 상함도 없는 세상

코로나19 바이러스 사태가 우리에게 준 충격 중의 하나는 자연, 생태에 대한 우리의 무관심이 적나라하게 드러났다는 것입니다. 코로나19 바이러스는 인간에게 경종을 울렸습니다. 결국 지구를 이 모양으로 만든 것은 인간이었습니다. 코로나19 바이러스 사태가 벌어지자 하는 수 없이 인간은 매연이나 공기 오염을 줄였습니다. 중국의 탄소 배출량이 25%나 줄었고, 관광객으로 몸살을 앓던 베네치아 운하에는 60년 만에 물고기가 돌아왔다고 합니다. 코로나19 바이러스는 인간이 자신의 욕망을 충족시키기 위해 자연을 파괴한 결과로 동물이 사는 야생과 인간이 사는 마을의 경계선이 무너지면서 동물에게만 있던 바이러스가 인

간에게까지 전염된 인수공통 질병(zoonotic disease)이라는 것입니다.[100]

아프리카 오지의 나라, '챠드'의 문인 '무스타파 달렙'의 '코로나가 바꾼 세상'이란 시에서 몇 구절 인용하겠습니다.

"아무것도 아닌 '그 하찮은 것'에 흔들리는 인류, 그리고 무너지는 사회……
코로나 바이러스라 불리는 작은 미생물이 지구를 뒤집고 있다.
보이지 않는 어떤 것인가가 나타나서는 자신의 법칙을 고집한다.
그것은 모든 것에 새로운 의문을 던지고, 이미 안착된 규칙들을 다시 재배치한다.
다르게…… 다르게……
서방의 강국들이 시리아, 리비아, 예멘에서 얻어내지 못한 것들을 (휴전, 전투 중지) 이 조그만 미생물은 해냈다.
알제리 군대가 못 막아낸 리프 지역 시위에 종지부를 찍게 만들었다.
…….
순식간에 우리는 매연, 공기 오염이 줄었음을 깨닫게 되었고,
시간이 갑자기 생겨 뭘 할지 모를 정도가 되었다.
…….
화성에 가서 살고, 복제 인간을 만들고, 영원히 살기를 바라던 우리 인류에게 그 한계를 깨닫게 해주었다.

하늘의 힘에 맞닿으려 했던 인간의 지식 또한 덧없음을 깨닫게 해 주었다.
단 며칠이면 충분했다."

피조물의 탄식

피조물은 인간의 죄로 말미암아 '함께 탄식하며 함께 고통을 겪고' 있습니다. 인간의 죄는 인간의 운명에만 영향을 준 것이 아니라 자연에도 영향을 미쳤습니다.

"아담에게 이르시되 네가 네 아내의 말을 듣고 내가 네게 먹지 말라 한 나무의 열매를 먹었은즉 땅은 너로 말미암아 저주를 받고 너는 네 평생에 수고하여야 그 소산을 먹으리라."(창세기 3장 17절)

'땅은 너로 말미암아 저주를 받고!' 그렇기에 바울 사도는 로마서에서 이렇게 말했습니다.

"피조물이 고대하는 바는 하나님의 아들들이 나타나는 것이니 …… 그 바라는 것은 피조물도 썩어짐의 종노릇 한 데서 해방되어 하나님의 자녀들의 영광의 자유에 이르는 것이니라. 피조물이 다 이제까지 함께 탄식하며 함께 고통을 겪고 있는 것을 우리가 아는

니라."(로마서 8장 19-22절)

피조물은 인간의 죄로 말미암아 '함께 탄식하며 함께 고통을 겪고' 있습니다. 그래서 신음하는 피조물은 하나님의 아들들이 나타나길 고대하고 있습니다. 왜냐하면 피조물도 스스로 회복되길 바라기 때문입니다.

선지자 이사야의 생태, 환경 회복의 비전

성경은 생태, 환경 회복의 비전을 선포하고 있습니다. 선지자 이사야가 예언한 이사야 11장을 '생태, 환경 회복의 비전'이란 관점에서 살펴보겠습니다.

1) 먼저, 이사야는 메시아가 오실 것을 예언하고 있습니다.

①"이새의 줄기에서 한 싹이 나며 그 뿌리에서 한 가지가 나서 결실할 것이요."(이사야 11장 1절)

하나님의 심판으로 황폐해진 땅에 겨우 남아있는 그루터기에서 한 싹이 올라올 것입니다. 연한 순 같고 마른 땅에서 나온 뿌리 같아서 너무나 미약하고 초라해 보이지만 그 싹이 죄로 인해 멸망할 수밖에 없는 온 세상에 소망과 생명이 될 것입니다. 이사야 선지자는 그 싹이 이새의 줄기에서 나올 것이라고 선포합니다. 이새는 다윗의 아버지로서, 다윗의 혈통에서 메시아가 나온다는 것이지요. 다윗의 혈통으로 나신 예수 그리스도는 이사야가 예언한 메시아입니다.

② "그의 위에 여호와의 영 곧 지혜와 총명의 영이요 모략과 재능의 영이요 지식과 여호와를 경외하는 영이 강림하시리니."(이사야 11장 2절)

그 메시아 위에 여호와의 영이 강림하실 것입니다. 여기서 '지혜와 총명의 영'이란 '사법적인 분별력'을 말합니다. 재판을 바르게 하는 분별력을 말합니다. '모략과 재능의 영'이란 '군사적인 능력'을 말합니다. '지식과 여호와를 경외하는 영'이란 '하나님과의 신실한 관계'를 말합니다.

③ "공의로 가난한 자를 심판하며 정직으로 세상의 겸손한 자를 판단할 것이며 그의 입의 막대기로 세상을 치며 그의 입술의 기운으로 악인을 죽일 것이며 공의로 그의 허리띠를 삼으며 성실로 그의 몸의 띠를 삼으리라."(이사야 11장 4-5절)

이스라엘과 유다의 지도자들은 힘없는 사람들을 무시하고 압제했습니다. 그러나 메시아는 공의와 정직으로 재판하심으로 가난한 자와 궁핍한 자를 보호하실 것입니다. 반대로 악한 자들에 대해서는 가차 없이 '입의 막대기'와 '입술의 기운'으로 처단할 것입니다. 이것이 선지자 이사야가 그리는 오실 메시아의 모습입니다.

2) 그 메시아가 다스릴 세상은 어떤 세상입니까?

① '함께' 살아가는 세상입니다.

'함께'라는 단어가 눈에 많이 띄입니다. 예를 들어 보겠습니다.

> "그때에 이리가 어린 양과 함께 살며 표범이 어린 염소와 함께 누우며 송아지와 어린 사자와 살진 짐승이 함께 있어 어린 아이에게 끌리며."(이사야 11장 6절)

'함께' 하는 대상이 이제까지 서로 잡아먹고, 먹히는 사이였습니다. 이리와 어린 양, 표범과 어린 염소, 송아지와 어린 사자와 살진 짐승 …… 그들은 잡아먹고 먹히는 약육강식의 대상이었습니다. 그러나 메시아가 다스리는 세상에서는 함께 살아갑니다. 우주적인 평화가 실현된다는 것이지요.

② '인간과 자연이 화해한 세상'입니다.

> "젖 먹는 아이가 독사의 구멍에서 장난하며 젖 뗀 어린 아이가 독사의 굴에 손을 넣을 것이라."(이사야 11장 8절)

'아이와 독사'. 서로 물고, 밟고, 죽이는 사이였지요? 그런데 이제 화해했습니다. 인간이 자연과 화해하고, 인간과 자연의 관계가 회복되었습니다. 그래서 결국 해 됨도 상함도 없는 세상이 이뤄진다는 예언입니다 (이사야 11장 9절).

예수 그리스도는 이사야의 예언을 성취한 메시아이십니다. 마가복음은 예수님이 사십일 동안 금식하시며 사탄에게 시험을 받으실 때 들짐승과 함께 계셨음을 보여주고 있습니다.

"광야에서 사십 일을 계시면서 사탄에게 시험을 받으시며 들짐승과 함께 계시니 천사들이 수종들더라."(마가복음 1장 13절)

이런 모습은 이사야의 예언이 예수 그리스도로 말미암아 성취되고 있음을 보여줍니다. 첫째 아담이 불순종함으로 인간과 자연의 관계를 깼지만, 둘째 아담인 예수 그리스도는 순종을 통해 그 관계를 회복하셨습니다. 우리는 코로나19 바이러스 앞에서 이 복음을 다시 선포해야 합니다. 생태 환경 회복에 대한 비전을 선포해야 합니다.

멈춤

코로나19 바이러스로 우리는 '멈춤'을 경험하고 있습니다. 당연히 굴러가던 일상이 멈췄습니다. '멈춤'이란 무엇입니까? 나무 의사 우종영 씨가 『나는 나무에게 인생을 배운다』(메이븐, 2019)라는 책을 냈습니다.

그 책에서 우리는 '멈춤'의 의미를 배웁니다.[101]

"나무에게 있어서 가장 중요한 것이 '멈춤'이라고 합니다. 열심히 자라는 데 총력을 기울이던 나무는 여름이 깊어지면서 조금씩 성장을 멈추기 시작한다고 합니다. 날이 추워지려면 아직 한참이나 남았는데도 더 이상 뻗어나가지 않습니다. 그렇게 멈춘 가지는 그 끝에 꽃을 피웁니다. 멈추지 않고 계속 자라기만 하면 풍성한 꽃도, 꽃이 진 자리에 달리는 튼실한 열매도 볼 수 없습니다. 욕심을 내면 조금 더 클 수 있다는 것도 알지만 어느 순간 약속이라도 한 듯이 나무들은 자라기를 멈춥니다. 멈춤은 자신을 위한 약속인 동시에 주변 나무들과 맺은 공존의 계약인 셈입니다…… 숲이 새 생명을 품을 수 있는 희망의 땅으로 거듭나려면 틈이 필요합니다. 어쩌면 멈춤은 틈을 내는 시간인 것 같습니다."

나무에게 있어서 가장 중요한 것은 멈춤이라고 합니다. 나무는 멈춤으로 꽃을 피우고 열매를 맺습니다. 나무는 멈춤으로 공존의 자리인 숲을 이룹니다. 결국 '멈춤'이란 우리 인간에게 욕망의 질주를 멈추고, 우주의 모든 개체들과 함께 살아갈 공존의 자리를 만들라는 명령이라 할 수 있습니다. 코로나19 바이러스는 우리를 강제적으로 멈추게 했습니다.

가수 '한영애'가 부른 '조율'이라는 노래가 있습니다. 작사자는 검게 검게 죽어가는 바다를, 뿌옇게 뿌옇게 죽어가는 하늘을, 그리고 욕망의 질주를 멈출 줄 모르는 우리 인간의 마음을 조율해달라고 호소하고 있습니다. 그 가사를 소개합니다.

"알고 있지 꽃들은
따뜻한 오월이 오면 꽃을 피워야 한다는 것을
알고 있지 철새들은
가을 하늘 때가 되면 날아가야 한다는 것을
문제
무엇이 문제인가
가는 곳 모르면서 그저 달리고만 있었던 거야
지고지순했던 우리네 마음이
언제부터 진실을 외면해 왔었는지
잠자는 하늘님이여
이제 그만 일어나요
그 옛날 하늘빛처럼 조율 한번 해 주세요
정다웠던 시냇물이 검게 검게 바다로 가고
드높았던 파란하늘 뿌옇게 뿌옇게 보이질 않으니
마지막 가꾸었던
우리의 사랑도 그렇게 끝이 나는 건 아닌지
잠자는 하늘님이여
이제 그만 일어나요

그 옛날 하늘빛처럼 조율 한번 해 주세요."

작사자는 잠자는 하나님을 깨우며, 검게 죽어가는 바다를, 뿌옇게 죽어가는 하늘을, 그리고 욕망의 질주를 멈출 줄 모르는 우리 인간의 마음을 조율해달라고 호소하고 있습니다.

한국 교회는 우주적인 구원의 관점에서 생태 환경의 문제를 가르치고, 선포해야 합니다. 하나님의 구원은 영혼 구원뿐만 아니라 인간과 자연을 포함한 우주적인 구원입니다. 이것을 성경은 '새 하늘과 새 땅'(요한계시록 21장)이라고 표현하고 있습니다. 이 구원 사역을 위하여 교회가 불림을 받았습니다. 교회는 인간과 자연을 포함한 우주적인 구원을 위해 지금도 일하시는 하나님의 동역자가 되어야 합니다. 교회는 '자연과 생태를 회복하려는' 하나님의 구원을 실천하는 공동체가 되어야 합니다. 그것이야말로 코로나19 바이러스 이후 하나님께서 기대하시는 '교회됨'이라고 생각합니다. 한국 교회는 생태 친화적 문명으로 전환하고, 탄소 제로 사회를 만들기 위해 어떻게 실천해야 할지를 고민해야 합니다. 교회는 이 세상을 향하여 구체적인 대안을 제시하고, 선도적으로 실천해야 합니다. 주보를 없애거나 재생 용지를 사용한다거나 일회용품 사용을 금지한다거나 음식물을 남기지 않는 등 교회 문화를 바꾸어 가야 합니다. 코로나19 바이러스는 교회에 새로운 기회를 주고 있습니다. 한국 교회는 이 기회를 잘 선용하여 이 세상의 희망이 되어야 할 것입니다.

때마침 기독교대한감리회 서울남연회에서 '기후 위기 선언문'이 발표되었습니다. (2022. 4. 24. 기독교대한감리회 서울남연회) 그 내용을 요약하고 글을 마치겠습니다.

「오늘날 기후 위기와 생태계 파괴에 대한 한국 교회의 대응이 더욱 절실해졌습니다. 이에 우리 기독교대한감리회 서울남연회는 기후 위기 극복을 위한 비상 행동을 실천하기 위해 다음과 같이 약속합니다.

하나, 우리 연회 회원은 기후 위기 인식 개선과 적극적인 참여를 위해 연회의 '환경보전개발위원회'를 중심으로 교회 내 '창조 질서 회복위원회'를 구성하는 일에 힘쓰겠습니다.

하나, 우리 연회 회원은 교회 생활과 일상생활, 사회 조직 속에서 탄소 절감 운동을 실천하기 위해 과소비와 환경 파괴적 소비를 지양하고, 친환경적 소비문화와 나눔의 문화를 실천하며 확산시키는 일에 동참하겠습니다.

하나, 우리 연회 회원은 세계 교회와 함께 정의, 평화, 창조 보전 (JPIC)의 에큐메니칼 신앙 전통을 계승, 발전시키면서 기후 위기에 대응할 연구자, 신학자, 기독 시민 운동 그룹을 적극적으로 지원하겠습니다.

하나, 우리 연회 회원은 창조 질서를 회복하고 보전하는 일이 하나님께서 명하신 중요한 선교적 과제임을 인식하여 각 교회 주변의 생태 환경을 돌보고, 해당 지역의 다양한 환경 문제들을 지역 시민 사회와 함께 해결해가도록 노력하겠습니다.

하나, 우리 연회 회원은 에너지를 줄여나가기 위해 단기적으로는 교회 관리 차원에서 에너지 절약 방안을 강구하고 실천하겠습니다. 장기적으로는 각 교회 건물을 지속 가능 에너지인 태양광 발전 체제로 전환하는 사업을 확대하는 일에 힘쓰겠습니다.」

2022년 4월 22일

제 33회 서울남연회 회원 일동

17

둘이 하나 되는 한반도

　코로나19 바이러스 상황으로 인한 성찰 중의 하나는 '코로나19 바이러스 사태 이후 한국 교회는 남북통일과 한반도 평화를 구현하는 공동체가 되어야 한다.'는 것입니다. 구체적으로 말하면, 한국 교회는 이데올로기의 굴레에서 벗어나 남북통일, 한반도 평화의 논의를 주체적으로 해나가야 한다는 것입니다. 우리 민족의 중요한 아젠다인 '남북통일, 한반도 평화'의 문제와 씨름할 때 우리 사회는 한국 교회를 다시 보게 될 것입니다. 이것이 바로 코로나19 바이러스 사태 이후 하나님께서 한국 교회에 요구하는 과제이고, 한국 교회가 감당해야 할 책무입니다.

90년대 이후 한국 교회는 우리 사회의 주요 아젠다인 '남북통일과 한반도 평화'에 대한 담론에서 소외되었습니다.

그 이유를 장동민은 그의 '페이스북'에 '전광훈 소요 사태를 보는 한 전망'이라는 글에서 이렇게 분석했습니다. 그의 주장을 동의하는 것은 아니지만 주제와 관련된 부분을 소개하겠습니다. 그는 해방 후 산업화 시대를 거치면서 한국 교회는 한국 사회의 주류에 편입되었다고 했습니다.

> "여의도 광장에서 초대형 집회들이 개최되었으며, 세계에서도 1, 2위를 다투는 메가처치들이 세워져 막강한 영향력을 과시하였습니다. 그 당시 시대정신은 밖으로는 북한·중공·소련의 공산주의 침략으로부터 나라를 구하고, 안으로는 산업화를 이루어 가난을 물리치는 것이었습니다. 때마침 한국 교회에 수입된 '적극적인 사고방식'은 이것을 연결하는 고리가 되었습니다. 또한 가난과 질병에 시달리는 산업화 시대의 소외된 군중들에게 '3박자 구원(영혼 구원, 번영, 건강)'은 붙잡아야 할 약속이었고, 내일의 희망이었습니다. '세계 최대 교회', '교회 성장의 비결' 등 기독교적 가치와는 다소 동떨어진 구호들이 교회의 강단을 채웠습니다."

그런데 좋은 시절은 한 세대로 끝났습니다. 90년대에 들어오자 세상도 교회도 많이 바뀌었습니다. 우선 교회 성장이 멈추었습니다. 그리고 20세기가 저물면서 민주화 운동에 앞장섰던 진보파가 정권을 잡았습니다. 그 후 10년 동안 진보적 정책 결정에 기독교는 큰 영향력을 미치지 못하였습니다.

"90년대 이후 한국 교회의 사회적 영향력이 여러 방면에서 감소하였습니다. 두 가지만 지적하겠습니다. 먼저, 기독교는 정치적 영역에서 영향력을 상실하였습니다. 해방 후 줄곧 기독교는 정권에 보조를 맞추면서 상생하여 왔습니다. 그러나 보수적 기독교는 70, 80년대 시대정신이었던 민주화 운동에 적극적으로 동참하지 못함으로써 90년대 이후 그 대가를 톡톡히 치러야 했습니다. 새롭게 등장한 진보 정권은 한국 교회와 줄곧 갈등 관계에 있었습니다. 국가보안법, 사립학교법, 과거사 진상규명법, 언론관계법 등 개혁 입법을 두고 하루도 바람 잘 날 없이 충돌했습니다. 또한 과학 분야에서도 기독교는 반(反)지성으로 여겨졌습니다. 구한말과 일제 강점기에 선교사와 한국 기독교인들이 세운 사립 학교와 대학들은 근대 과학의 기지로서 역할을 톡톡히 담당하였습니다. 해방 후에도 문화, 교육, 예술의 전 분야에서 교회가 세속 사회를 주도하였습니다. 그러다가 1980년 어간을 전후하여 전 세계적으로 진화론에 기반을 둔 세속적 인본주의(secular humanism)가 과학의 주류를 차지하면서 기독교는 과학계로부터 소외되기 시작하였습니다. 성경의 창조 이야기를 기반으로 지구과학과 생물학을 정립하려는 창조 과학은, 과학계뿐 아니라 일반 사회에서도 종교적 견해에 불과하다고 평가절하 되었습니다."

장동민이 그의 글에서 주장하려고 한 것은, 한국 교회가 이 사회의 보수 진영과 궤를 같이하다가 보수 몰락과 더불어 몰락하게 되는 우를 범하지 말아야 한다는 것입니다.

이데올로기의 속박

한국 교회는 보수든 진보든 이데올로기에 갇혀서는 안 됩니다. 한국 교회는 이데올로기의 속박에서 벗어나야 합니다. 그 이유가 있습니다.

첫째, 교회가 이데올로기에 갇히면 그 이데올로기가 몰락할 때 교회도 함께 몰락하기 때문입니다. 나치에 부역했던 독일 교회를 그 예로 들 수 있겠지요. 2차 세계 대전 후 나치가 몰락했을 때 독일 교회도 함께 몰락하고 말았습니다.

둘째, 교회가 이데올로기와 한 배를 타게 되면, 기독교 보수주의자들은 보수 정권을 비판할 수 없고, 기독교 진보주의자들은 진보 정권을 비판할 수 없기 때문입니다. 교회는 이데올로기에 초월하여 어떤 이데올로기이든지 하나님의 말씀으로 비판하고, 교정할 수 있어야 합니다. 교회는 성경의 예언자 전통을 따라 공산주의뿐만 아니라, 천민자본주의, 연성 독재를 비판할 수 있어야 합니다. 기독교는 세속의 어떤 이데올로기와도 등치될 수 없습니다. 성경의 사상은 보수도 아니고 진보도 아닙니다. 어떤 면에서 성경은 보수보다 더 보수적이며, 진보보다 더 진보입니다.

셋째, 한국 교회가 진영 논리에 갇히면, 남북통일과 한반도 평화의 담론에 주체적으로 참여할 수 없게 되기 때문입니다. 한국 교회가 보수 진영의 논리에 갇히면 '멸공통일론'에 묶이게 되고, 진보 진영의 논리에 갇히면 '연방제 통일론'에 묶이게 되어 통일 논의에서 자유롭지 못하게 됩니다. 따라서 한국 교회는 이데올로기에 갇혀서는 안 됩니다.

남북통일과 한반도 평화에 대한 비전

에스겔 37장은 '남북통일과 한반도 평화'에 대하여 통찰력을 주는 성경 말씀입니다. 에스겔 37장은 이스라엘이 나라를 잃고 바벨론 제국의 포로로 잡혀간 지 얼마 되지 않을 때(BC 586년경) 하나님이 에스겔을 통하여 주신 말씀입니다. 에스겔 37장에는 두 가지 환상이 나옵니다. 하나는 '마른 뼈 환상'이고, 다른 하나는 '두 막대기 환상'입니다. 두 환상은 서로 연결되어 있습니다.

'마른 뼈 환상'에서 포로 생활을 하던 이스라엘 백성을 골짜기에 너부러져 있는 마른 뼈로 묘사하고 있습니다.

> "또 내게 이르시되 인자야 이 뼈들은 이스라엘 온 족속이라. 그들이 이르기를 우리의 뼈들이 말랐고 우리의 소망이 없어졌으니 우리는 다 멸절되었다 하느니라."(에스겔 37장 11절)

둘이 하나 되는 한반도 199

'우리의 뼈들이 말랐고 우리의 소망이 없어졌으니 우리는 다 멸절되었다.' 나라를 잃고 포로생활을 하는 그들에게 무슨 소망이 있겠습니까? 살아있다고는 하나 죽은 목숨이나 다름이 없었습니다. 그들의 삶은 마른 뼈가 너부러져 있는 골짜기, 즉 무덤에 불과했습니다. 무덤이란 살 소망이 사라진 절망의 상태를 말합니다. 어떻게 이 절망의 무덤을 열 것입니까? 하나님은 이렇게 선포하라고 말씀하십니다.

"주 여호와께서 이 뼈들에게 '생기'를 불어넣으라."(에스겔 37장 5절)

"내가 또 내 영을 너희 속에 두어 너희가 살아나게 하고……."(에스겔 37장 6절)

'생기', '내 영'은 성령을 말합니다. 그러니까 마른 뼈와 같은 절망의 상태를 깨뜨리려면 성령이 임하셔야 한다는 것입니다. 성령이 임하신 결과가 무엇입니까?

"이에 내가 그 명령대로 대언하였더니 생기가 그들에게 들어가매 그들이 곧 살아나서 일어나 서는데 극히 큰 군대더라."(에스겔 37장 10절)

이 큰 군대가 바로 "온 이스라엘 족속"입니다(에스겔 37장 11절). 그냥 이스라엘 족속이 아니라 '이스라엘 온 족속'입니다. '이스라엘 온 족속'은 구약에서 사용하는 특별한 신학적인 용어로 남 유다 왕국과 북 이스라엘 왕국의 통일을 의미합니다.

이어서 나오는 환상이 바로 "두 막대기의 환상"입니다.

> "인자야 너는 막대기 하나를 가져다가 그 위에 유다와 그 짝 이스라엘 자손이라 쓰고 또 다른 막대기 하나를 가지고 그 위에 에브라임의 막대기 곧 요셉과 그 짝 이스라엘 온 족속이라 쓰고 그 막대기들을 서로 합하여 하나가 되게 하라 네 손에서 둘이 하나가 되리라."(에스겔 37장 16-17절)

막대기 하나에 남 유다 왕국을 상징하는 '유다'라 쓰고, 다른 막대기에는 북 이스라엘 왕국을 상징하는 '에브라임'이라고 쓰고 그 막대기를 합하라는 것입니다. '둘이 하나가 되게 하라.' 서로 으르렁거리고 전쟁을 불사하던 남 유다 왕국과 북 이스라엘 왕국이 하나가 될 것이라는 환상입니다. 이것이 바로 '이스라엘 온 족속'의 의미입니다. 막힌 담이 무너지고, 대적하던 두 세력이 하나가 됩니다. 주목해 보아야 할 것은 죽은 자들을 살리는 일, 둘을 하나로 합하게 하는 일이 바로 성령의 사역이라는 점입니다. 이 점은 남북통일과 한반도 평화에 있어서 우리에게 중요한 통찰력을 줍니다.

예수 그리스도는 '마른 뼈 환상'과 '두 막대기 환상'의 예언을 성취하기 위하여 십자가에 죽으시고 부활하셨습니다. 성령은 십자가와 부활의 능력을 우리 그리스도인에게 부어주셔서 대적하는 두 세력을 하나 되게 하실 분입니다. 성령이 중요합니다. 하나님께서 한국 교회에 성령을 새롭게 부어주셔서 남·북으로 분단된 조국을 하나 되게 하실 것입니다. 성령 받은 사람만이 남북통일과 한반도 평화의 비전을 품을 수가 있습니다.

이것이 바로 코로나19 바이러스 사태 이후 한국 교회의 민족사적인 과제입니다. 한국 교회는 이런 웅대한 비전을 품고, 남북통일과 한반도 평화를 만들어가야 합니다. 코로나19 바이러스 사태 이후 한국 교회가 이 아젠다를 제대로 붙잡지 못하면 우리 민족사에서 별 의미를 갖지 못하는 집단으로 치부될 수도 있습니다. 우리가 평화를 만드는 사람들이 될 때 세상은 우리를 하나님의 아들로 인정해줄 것입니다(마태복음 5장 9절). 이제 이데올로기의 굴레에서 벗어나 성령 충만함으로 남북통일과 평화의 비전을 품읍시다.

필자의 교회는 남북통일과 평화를 위하여 매주 수요일에 '복음 통일을 위한 기도회'를 갖습니다. 지난 주 수요일에 제 206차 복음 통일을 위한 기도회를 가졌습니다. (2022년 3월 23일) 비대면 집회로 여러 가지 어려움이 있지만 '복음 통일을 위한 기도회'를 쉬지 않았습니다. 우리가 이렇게 기도회를 지속하는 이유는 분단의 땅에 살아가고 있는 그리스도인들의 마땅한 책무라는 영적인 부담감 때문입니다. 여전히 한반도에는 갈등이 있고, 미움이 있고, 언제든지 전쟁의 화염이 피어오를 듯 불안하고, 이산가족의 한과 눈물이 있는데 그리스도인으로서 그런 일들을 전혀 나와 상관이 없는 듯 무심하게 살아갈 수가 없기 때문입니다. 복음 통일을 위한 수요기도회의 기도 제목은 구체적입니다. 예를 들어, '북한에 억류된 한국인 6명을 위하여', '20-40만 명에 이르는 북한 지하 교회 성도들을 위하여' 등입니다. 남북통일의 그날까지 '복음 통일을 위한 기도회'를 쉬지 않을 것입니다.

또한 필자의 교회는 '다음학교'를 지원합니다. 다음학교는 만 14세에서 만 30세에 이르는 탈북 청소년들에게 성경적 세계관을 기반으로 인재를 양성하고 있는 교육 시설입니다. 다음학교의 교육 목적 중에는 '통일을 준비하는 다음 세대'라는 내용이 있습니다.

그리고 '해솔직업사관학교'를 지원합니다. 해솔직업사관학교는 탈북 청소년들이 직업을 가질 수 있도록 산업 설비나 전기 기술 등 실제적인 직업 교육을 통해 우리나라에 안착할 수 있도록 돕는 기숙형 직업 대안학교입니다. 그 외에 우리 교회는 '북한선교위원회'를 조직하여 사역의 방향성과 실천을 의논하고 있습니다.

분단의 아픔과 눈물의 이야기를 영광의 이야기로

'한반도 분단을 넘어 이 땅에 하나님 나라가 이뤄지게 하옵소서'라는 기도문 중에서 몇 구절 인용하면서 글을 맺겠습니다.[102]

"주님, 한반도가 평화의 도구가 되기를 기도합니다. 폭약 냄새가 아니라 남북한 성도들이 드리는 기도의 향기가 삼천리 방방곡곡에 퍼지길 원합니다. 비무장지대 155마일에 흐르는 지뢰의 강이 용서와 화해의 강물로 변하게 하옵소서.

주님, 하나님 나라의 통일 세대들이 일어나게 하소서. 다음 세대가 하나님의 마음을 품고 통일의 용사가 되기를 기도합니다. 북한의 장마당 세대가 통일 조국에서 복음의 일꾼으로 세워지길 기도합니다. 북한의 조선소년단과 김일성사회주의청년동맹은 여전히 체제 유지를 위해 세뇌 당하고 있습니다. 이들이 통일 시대를 살아갈 하나님의 자녀들이 되길 기도합니다. 남한 땅의 다음 세대가 복음 안에서 하나님의 크고 놀라운 민족의 비밀을 깨닫게 되길 기도합니다. 나만 생각했던 이기심을 내려놓고 복음의 진정한 의미가 하나님 나라를 세워 가는데 있음을 날마다 확인하게 하옵소서. 디아스포라 한인 2, 3세 가운데 느헤미야 같은 민족 지도자가 일어나게 하옵소서. 중국 내 탈북 여성들의 자녀들 역시 통일 한국 시대에 중요한 일원으로 세워주옵소서.

주님, 한국 교회가 깨어 일어나 시대의 사명을 감당하게 하소서. 통일은 하나님의 이야기를 담고 있습니다. 주께서 분단의 아픔과 눈물의 이야기를 영광의 이야기로 새롭게 하실 것을 믿습니다. 한국 교회가 세속주의와 물량주의, 황금만능주의를 회개하고 오직 말씀 위에서 통일을 앞장서 준비하며 성취해가는 하늘의 전령되길 기도합니다. 예수님의 이름으로 기도드립니다. 아멘"

한국 교회가 성령 충만함으로 남과 북, 둘이 하나 되는 비전을 품은 공동체가 되길 기도해주십시오.

한국 교회가 동강 난 이 땅을 바라보시고 눈물로 기도하시는 주님의 중보 기도 사역에 동역하는 공동체가 되길 기도해주십시오.

한국 교회가 한국 사회로부터 "그래도 교회가 우리 민족의 희망이다."라고 칭송받는 공동체가 되도록 기도해주십시오.

18

예수 그리스도의 제자 양육

　예수님은 '제자 삼으라.'고 명령하셨지 '교인 수를 늘리라.'고 명령하지 않으셨습니다. 만일 목회자들에게 다음과 같은 질문을 한다면 어떤 대답이 나올까요? "교인 100명 또는 제자 1명 중에서 어느 쪽을 선택하시겠습니까?" 아마 대부분의 목회자들은 교인 100명을 선택할 것입니다. 만일 필자에게 선택하라고 하더라도 교인 100명의 유혹에서 벗어나지 못할 것입니다. 그런데 코로나19 바이러스 사태를 겪으면서 '그게 아니구나!'라는 생각을 하게 되었습니다. 왜냐하면 100명이 대단해보이긴 하지만, 상황이 어려워지면 한순간에 사라질 숫자이기 때문입니다. 코로나19 바이러스 사태를 겪으면서 '그게 실제 상황이 될 수도 있다.'

는 사실을 현실적으로 확인했습니다.

비대면 온라인 예배를 드리는 요즘, 교인들의 온라인 접속 시간이 평균 11분이라는 통계가 나왔습니다. 비대면 예배를 드리면서 본 교회의 예배 영상에 집중하기보다는 한 시간 동안 더 좋은 설교를 찾아 이곳저곳 사이버 공간을 배회하는 교우들이 적지 않습니다. 성실한 성도여서 영과 진리로 온라인 예배를 드릴 것이라고 기대했지만 실제로는 캠핑 가서 고기를 구워 먹으면서 한쪽 구석에 휴대 전화를 켜놓고 영상예배를 드린다는 웃지 못할 현실을 부정할 수 없습니다.

예수님은 제자 삼으라고 말씀하셨지 교인 수를 늘리라고 말씀하지 않으셨습니다.

"…… 너희는 가서 모든 민족을 제자로 삼아……."(마태복음 28장 19절)

예수님이 '5병 2어'의 기적을 일으키시자 '신앙 소비자'였던 5천 명 이상의 군중들은 예수님을 따르겠다고 나섰습니다. 그러나 예수님은 그런 군중들을 뒤로하고, 12명의 제자를 양육하는 데에 집중하셨습니다.

한국 교회가 제자 양육을 소홀히 했습니다. 많은 사람들이 코로나19 바이러스가 한국 교회 공동체를 와해시킬 수 있다고 우려합니다. 그 이유가 무엇입니까? 그것은 교회가 성도들에게 제자도를 가르치지 않고, 성도들을 제자로 만들지 못했기 때문입니다. 코로나19 바이러스가 성도들을 흩어지게 만들고 있습니다. 그런데 초대 예루살렘 교회 성도들도 박해로 흩어졌습니다.

"그 날에 예루살렘에 있는 교회에 큰 박해가 있어 사도 외에는 다 유대와 사마리아 온 땅으로 흩어지니라."(사도행전 8장 1절)

초대 예루살렘 교회 성도들이 흩어져서 어떻게 되었습니까? 믿음이 약화되지 않았습니다. 믿음을 포기하지 않았습니다. 흩어진 그들은 가는 곳곳마다 교회를 세웠습니다. 그 이유는 그들이 제자였기 때문입니다. 목회의 최고의 목표는 성도들을 그리스도의 제자로 양육하는 것입니다. 그런데 한국 교회 목회자들은 목회의 최고의 목표를 교인 수 늘이기에 두었습니다. 그러다가 코로나19 바이러스 상황을 겪으면서 그 허상이 드러난 것입니다.

코로나19 바이러스는 한국 교회에 편만한 물량주의에 대한 허상을 깨뜨렸습니다. 코로나19 바이러스가 한국 교회에 준 충격 중의 하나는 교인 숫자, 예배당의 크기 등 소위 물량주의에 대하여 철퇴를 가한 것입니다. 사회적 거리두기로 비대면 예배(온라인 예배)를 드리다보니 몇 만 명이 모였던 교회의 텅 빈 예배당에서 담임 목사가 혼자 설교하는 광경이나 10명 미만 모였던 개척 교회의 텅 빈 예배당에서 담임 목사가 혼자 설교하는 광경이나 별반 다르지 않았습니다. 이런 광경을 목격하면서 '교회란 무엇인가?'라는 교회의 본질에 대한 질문을 하지 않을 수 없습니다. 서울의 한 유서 깊은 교회는 13층짜리 새 예배당을 건축했습니다. 그런데 언젠가 그 교회의 담임 목사가 이런 넋두리를 하더랍니다. "13층짜리 예배당을 건축하면 뭐하느냐? 코로나19 바이러스로 교인들이 모일 수가 없어 문을 걸어 잠그고 있는 걸……." 코로나19 바이러스 사태 이후 어느 순간부터 목회자들이 모여 교회 형편을 물을 때 "교인이 몇 명이지요?" "예배당은 얼마나 크지요?"라는 질문이 사라졌습니다. 왜냐하면 비대면 예배 상황에서 그런 질문은 이미 의미가 없어졌기 때문입니다.

관리 목회

이제까지 한국 교회의 목회는 관리 목회였습니다. 그동안 한국 교회와 교회 지도자들을 사로잡았던 망령은, '교인 수 늘이기'와 '교인 관리'였습니다. 다시 말하면, '어떻게 교인 수를 늘릴 수 있을까?' '어떻게 들어온 교인들을 잘 관리할 수 있을까?'가 목회에 있어서 주된 관심사였습니다. 그것을 관리 목회라고 합니다. 속회를 조직하고, 선교회를 조직하여 씨줄과 날줄로 천을 짜듯이 촘촘히 교우들을 관리해왔습니다. 결석자를 체크하고, 그 다음 주간에 사역자들이 결석자들을 심방하며 권면합니다. 이런 일을 잘 하면, 목회를 잘한다고 평가하였습니다. 물론 어느 정도 교우 관리가 필요합니다. 하지만 그것이 교회의 최종 목적은 아닙니다.

관리 목회의 특징은 '연성화'된 메시지를 주로 선포한다는 것입니다. 치열한 삶의 현장에서 지친 성도를 격려하고 위로한다면서 연성화된 메시지를 남발합니다. 이런 메시지에 길들여지면 성도들은 영적인 근육과 기질이 약해져 결국엔 식물인간처럼 드러눕게 됩니다. 드러눕는데 무슨 역사가 일어나겠습니까? 듣기 좋은 설교, 위로하는 설교로 당장 사람을 모을 수 있을지 모릅니다. 그러나 위기 국면이 전개되면 상황은 달라집니다. 지금 코로나19 바이러스 사태로 연성화된 설교에 길들여진 한국 교회가 당황하고 있습니다. 큰 교회일수록 더 크게 흔들리고 있습니다. 코로나19 바이러스 사태와 같은 치열한 영적 전쟁터에서 살아남으려면 기도와 말씀으로 영적인 야성을 키워야 합니다.

초대 예루살렘 교회는 교인을 종교적 부상병으로 취급하지 않고, 선교 전사로 양육하고 파송했습니다.

"주여, 이제도 그들의 위협함을 굽어보시옵고 또 종들로 하여금 담대히 하나님의 말씀을 전하게 하여 주시오며."(사도행전 4장 29절)

이 말씀은 '다시는 예수 그리스도에 대하여 말하지 말라.'는 산헤드린 공회의 위협을 받고 초대 예루살렘 교우들이 한 기도였습니다. 그들은 산헤드린 공회의 위협을 받고, 겁에 질려 "우리를 불쌍히 여겨주옵소서. 우리가 복음을 전하다가 이렇게 죽게 되었습니다. 이럴 수가 있습니까? 우리를 살려주옵소서. 이렇게 죽으면 우리 자식들은 어떻게 되는 겁니까?"라고 징징거리지 않았습니다. 반대로 그들은 이렇게 기도했습니다. "산헤드린의 위협은 현실이지만 그 위협에 굴복하지 않고 담대히 복음을 전하게 해주옵소서!" 초대 예루살렘 교회는 교인을 종교 천막 아래에 누워있는 부상병으로 다루지 않고, 선교 전사로 훈련했습니다. 이제 우리도 팔과 다리를 동여맸던 붕대를 풀어버리고, 기대고 있던 목발을 던져버리고, 복음을 들고 적진을 향해 돌격하는 선교 전사가 되어야 합니다. 문자 그대로 '예수 그리스도의 군사'가 되어야 합니다.

시세(時勢)를 아는 200명

다윗 왕국에는 시세(時勢)를 아는 지도자 200명이 있었습니다. 역대상 12장 23-40절에 다윗 왕의 즉위식에 참석한 지파별 군사의 수에 대한 보고 내용이 나옵니다. 다윗의 즉위식에 참석한 군사의 총 수는 우두머리 1,222명을 포함하여 340,822명으로 엄청난 수의 대군이었습니다. 본문을 자세히 살펴보면, 다른 지파들에 대하여서는 참석한 군사 수를 보고하는데 그친 반면, 잇사갈 지파 자손 200명에 대하여 특별한 설명이 붙어있습니다.

"잇사갈 자손 중에서 시세를 알고 이스라엘의 마땅히 행할 것을 아는 우두머리가 이백 명이니 그들은 그 모든 형제를 통솔하는 자이

며." (역대상 12장 32절)

'시세를 알고'라는 구절에서 '시세'란 단어는 '때'라는 단어와 '분별력'이란 단어가 결합된 단어입니다. 즉 시대를 분별하는 지혜를 말합니다. 세상에는 시시각각으로 움직이는 주식시장이나 부동산 시세 등의 동향을 정확하게 읽고 거래함으로써 많은 이익을 남기는 사람이 있습니다. 또한 민심의 변화나 권력자의 심중을 정확하게 헤아려 출세하는 사람들도 있습니다. 그러나 본문에서 말하는 '시세를 알고'는 '하나님의 뜻과 때를 분별하는 지혜'를 말합니다. 다윗 왕국의 토대에 군사력만 있는 것이 아닙니다. 잇사갈 지파 소속 시세(時勢)를 아는 지도자 200명이 있었습니다. 만약 칼과 창으로만 세운 왕국이라면 다윗 왕국의 태평성대는 그리 오래 가지 않았을 것입니다.

코로나19 바이러스 사태 이후 한국 교회는 어떤 방향으로 나아가야 할까요? 하나님의 뜻과 때를 분별하는 지혜를 가진 예수님의 제자들을 세워가야 합니다. 지루하고, 힘들지라도 한국 교회는 다윗 왕국의 정신적 기초를 놓은 잇사갈 지파의 200명처럼 제자를 양육하는데 집중해야 합니다. 한국 교회는 교인 수 늘이기에서 제자 양육으로의 전환이 시급하게, 절대적으로 필요합니다.

제자를 키워내는 것은 교재를 가지고, 교육하는 '지적 노동'을 뜻하지 않습니다. 1단계 과정 후 2단계를 밟고, 3단계 후 4단계를 밟는 그런 프로그램이 아닙니다. 그런 지식을 전수해봤자 그럴듯한 종교인만 키워낼 뿐입니다. 제자도는 프로그램이나 교재로 되지 않습니다. 1m 앞의 사람이 1m 뒤에 오는 사람을 가르치고, 삶으로 보여주며 제자로 도제해야 합니다. 제자도는 먼저 경험한 사람이, 먼저 하나님을 만난 사람이, 다른 사람에게 전수해주는 것입니다. 그것이 초대 교회의 제자도 정신입니다. 이것이 교회에 정착될 때 변혁이 일어납니다.

제자를 키워내는 것은 좋은 교인을 만드는 것을 뜻하지 않습니다. 제자 양육이란 것은 좋은 교인을 만드는 것 그 이상입니다. 필자가 제자 양육 교재인 '헌신'(킹덤북스, 2019)이란 책을 저술하기 위하여 국내에서 출판된 대부분의 제자 양육 교재들을 분석해봤습니다. 그 결과 국내에서 출판된 제자 양육 교재의 목표는 '좋은 교인 만들기'에 있었습니다. 여기서 좋은 교인이란 담임 목사의 말에 순종하고, 교회 일에 충성하는 교인을 말합니다. 선교를 본업으로 삼고 직업을 부업으로 삼는 그리스도인을, 하나님 나라를 삶의 목적으로 삼고 직업을 수단으로 여기는 그리스도인을 세우는 데에 턱없이 부족하다는 생각을 하게 되었습니다. '헌신'이라는 제자 양육 교재는 교인들을 예수 그리스도께 헌신된 자로 세우는 데에 그 목표를 두었습니다. 필자의 교회에서는 코로나19 바이러스의 엄중한 상황이지만 '헌신'을 교재로 '줌(zoom)'이라는 컴퓨터 프로그램을 이용하여 비대면으로 제자 양육을 시키고 있습니다. '얼굴을 보고, 눈을 마주치고 해도 제자 양육이 될까 말까 하는데…… 어떻게 될까?' 그러나 아주 좋은 성과를 내고 있습니다.

필자의 교회는 앞으로도 주님이 원하시고 우리가 함께 꿈꾸고 이루어가야 할 교회다운 교회를 위하여 '헌신' 제자 양육 프로그램을 지속적으로 운영할 것입니다.

19

지역에 뿌리를 내린 교회

코로나19 바이러스 사태가 드러낸 한국 교회의 문제 중의 하나는 '한국 교회가 지역에 뿌리를 내리지 못했다.'는 것입니다. 코로나19 바이러스 사태를 겪으면서 '지역', '지역 주민'이라는 단어가 크게 한국 교회에 부각되었습니다. 코로나19 바이러스 사태 와중에 교회의 대면 예배 문제로 관공서에 민원을 제기하거나 고발한 사람들이 주로 지역 주민들이었습니다. 한국 교회는 '특새'라는 이름으로 특별새벽 기도회를 한 주간 또는 두 주간씩 진행합니다. 그때 지역 주민들은 교통 혼잡 때문에 '제발 특별새벽 기도회 좀 하지 말라.'고 민원을 많이 제기합니다. 책에서 이런 이야기를 읽은 적이 있습니다. 지역에 공터가 한 곳 있었답니다. '그 공터에 들어와서는 안 될 건물은 무엇입니까?'라는 설문 조사에서 가장 많이 나온 답이 '교회'였다는 것입니다. 왜냐하면 교회는 주일마다 외부인들을 동네로 몰고 와 교통 혼잡을 일으키고, 동네의 쾌적함을 훼손한다는 것입니다. 그래서 지역에 교회가 들어오는 것을 지역 주민들이 반대한다는 것입니다. 뿌리가 없는 나무가 서서히 죽어가듯이 지역에 뿌리를 내리지 못한 교회도 서서히 죽어갈 수밖에 없다는 사실을 간과해서는 안 됩니다.

교회가 어려움을 당할 때 지역 주민이 나서서 교회를 보호해줄 수 있을까요? 인민군이 남침했을 때 지주 집에서 일하던 머슴들이 완장을 차고 설치면서 주인을 대창으로 찔러 죽이는 사건이 곳곳에서 일어났습니다. 그때 한 머슴은 자기 주인을 위해 "우리 주인은 그런 분이 아니시다. 우리 주인은 좋은 분이시다. 내가 보호한다."고 다른 머슴들의 만행을 저지했답니다. 그 이야기를 읽으면서 문득 이런 생각이 들었습니다. "이 교회는 지역 주민을 위하여 그동안 많이 베풀었습니다. 이 교회가 문 닫으면 우리 지역이 손해입니다."라고 나설 주민이 있을까요?

노숙자 사역을 하는 '광야교회'라는 교회가 있는데, 그 교회의 담임 목사가 필자에게 밤마다 중보 기도 제목을 문자로 보냅니다. 중보 기도 제목을 소개하기 전에 간단한 묵상의 글을 적는데, 지난 2020년 9월 19일의 글에 이런 내용을 담았습니다. 지역 주민의 의미를 되새길 수 있는 글이어서 소개합니다.

"우리 교회가 천막 생활을 1996년부터 2007년 6월까지 하고, 2007년 7월 7일 지금의 건물로 들어왔습니다. 천막 생활을 하면서 구청으로부터 철거 압박을 받고 있을 때 지금 교회 건물의 주인을 우연히 만났습니다. 대뜸 하시는 말씀이 "목사님! 우리 땅 사!"였습니다. "영감님! 땅이야 사고 싶지만 돈이 있어야 사죠?" 했더니, "목사님! 내가 돈 빌려줄 게 우리 땅 사!" 하는 것이 아닙니까? "그게…… 내가 목사님을 쭉 지켜봤는데…… 마음에 감동이 와서 그런 거야! 이 땅을 가만히 가지고 있으면 분명히 땅값이 오르겠지만 목사님께 주고 싶어!"

이게 웬 일인가요? 이분은 불교 신자입니다. 게다가 부동산으로 40년 이상 돈을 벌어온 부동산 투기 전문가입니다. 가만히 소유하고 있으면 땅값이 오른다는 것을 잘 알고 있는 부동산 투기꾼이 돈을 벌 수 있는 기회가 다가오고 있는데도 자기 돈을 빌려줄 테니 자기 땅을 사라고 합니다. 뛰는 가슴을 진정하고, 그분의 집에 가서 차 대접을 받으며, 그분의 땅을 담보로, 그분의 이름으로 대출받아, 그분의 땅을 사서, 거기에다 지금의 광야교회를 세우게 되었습니다. 어안이 벙벙했습니다. 얼떨결에 이렇게 되었습니다. 이건 하나님의 강권적인 역사였습니다. 모든 일을 인도하신 천지의 주재이신 주님께 감사와 영광을 돌립니다."

그러면서 창세기 14장 19절의 말씀으로 글을 마무리하고 있습니다.

"그가 아브람에게 축복하여 이르되 천지의 주재(하늘과 땅의 소유

주: possessor)이시요 지극히 높으신 하나님이여 아브람에게 복을 주옵소서."

'지역', '지역 주민'이라는 단어를 다시금 생각하게 하는 이야기입니다.

성경에 나타난 '교회'는 원래 지역 개념에 바탕을 두고 이름을 지었습니다. 고린도 지역에 세운 고린도 교회, 에베소 지역에 세운 에베소 교회, 로마 지역에 세운 로마 교회…… 카톨릭 성당은 여전히 지역 개념으로 교회의 이름을 짓습니다. 그런데 근래 개신교는 지역 개념을 떠나 탈 지역 개념으로 교회 이름을 짓는 경향을 보입니다. 믿음교회, 소망교회, 사랑교회…… 아마 자본주의 영향을 받아 교회를 브랜드(brand)화 한 것이 아닌가 생각합니다. 일종의 문화 현상이지요. 그럼에도 불구하고 교회는 지역에 뿌리를 두어야 한다고 생각합니다. 마이클 프로스트, 크리스티아나 라이스가 공동으로 쓴 『일주일 내내 교회로 살아가기』란 책에 이런 내용이 소개되어 있습니다.[103] 샌디에고에 있는 한 학교를 빌려 '사람들이 하나님 안에서 회복되도록 돕는' 비전을 가진 교회가 있습니다. 그런데 그들의 사명, 목적, 신앙선언문, 그 어디에도 그 지역에 대한 헌신이나 지리적 장소에 대한 언급이 단 한 마디도 없습니다. 바로 이런 교회를 뿌리가 없는 교회라고 지적합니다. 그들은 더 넓은 공간이 필요할 때면 언제라도 미련 없이 자신들의 교회를 다른 지역으로 옮겨 버릴 수 있습니다. 그들이 새로운 장소로 이전한다 해도 교회에 바뀌는 것은 거의 없을 것입니다.

책에 이런 내용도 나와 있습니다.[104] 그 샌디에고 지역에 59년이나 살고 있는 한 무신론자 부부는 그 지역에서 자식을 낳아 기르고, 지역 사회의 일에 참여하면서 살아왔지만 지역 사회에 선한 영향력을 끼친 교회는 그곳에 자리 잡고 있는 7개의 교회 중에서 단 한 곳뿐이라는 것입니다. 그들 부부가 꼽은 그 교회는 매달 푸드 뱅크를 열어 샌디에고 시내의 가난한 사람들을 위하여 먹을 것을 제공한다는 것입니다. 이웃들의 시선을 과소평가해서는 안 됩니다. 그들은 안 보는 것 같지만 다 보고 있고, 침묵하고 있는 것 같지만 교회를 평가하고 있다는 사실을 한시도 잊어서는 안 됩니다.

네가 선 곳은 거룩한 땅

교회는 지역을 거룩하게 만들어야 할 사명을 가집니다. 출애굽기 3장 1-5절에 보면, 모세는 그 장인 이드로의 양 무리를 이끌고 서쪽으로 가다가 호렙산에 이르렀습니다. '호렙산'이란 '황량한 땅', '황폐한 땅'란 뜻인데, 오늘의 시내산을 말합니다. 모세가 인생의 석양이라고 할 수 있는 여든 살에 노구를 이끌고 황량한 땅, 호렙산 기슭에 양들을 풀어놓았습니다. 땅도, 마음도, 황량하기 그지없습니다. 구름 한 점 없는 에메랄드 색 하늘도 빈 가슴에는 그저 허허롭기만 합니다. '바로 왕' 궁전에서의 호화스러웠던 생활은 옛 전설처럼 아득하게만 느껴졌고, 현실은 메마른 광야와 휑한 가슴뿐입니다. 그때 하나님께서 모세를 찾아왔습니다. 모세를 부르셨습니다. 모세의 영혼을 흔들었습니다. 하나님께서 모세를 찾아오셔서 말씀하십니다.

"하나님이 이르시되 이리로 가까이 오지 말라 네가 선 곳은 거룩한 땅이니, 네 발에서 신을 벗으라."(출애굽기 3장 5절)

1) 우리가 서 있는 곳은 거룩한 땅입니다.

모세에게 있어 40년 동안 헤맨 미디안 광야는 어떤 땅이었습니까? 솔직히 말하자면, 그 땅은 모세에게 거룩한 땅이었습니까? 아닙니다. 오히려 모세에게 있어서 그 땅은 젊음의 꿈을 산산이 조각 낸 절망의 땅이었습니다. 모세에게 있어서 그 땅은 삶의 목표를 잃어버리게 한 방황의 땅이었습니다. 모세에게 있어서 그 땅은 가족과 친구들과 동족으로부터 자신을 격리시킨 고독의 땅이었습니다. 모세에게 있어서 그 땅은 말을 빼앗기고, 웃음을 빼앗기고, 풍요로움을 빼앗긴 저주의 땅이었습니다. 그런데 하나님은 "네가 선 그 땅은 저주의 땅이 아니라 거룩한 땅"이라고 말씀하십니다.

여기서 우리가 마음에 새겨야 할 진리를 발견합니다. 그것은 우리가 선 곳이 아무리 절망의 땅, 방황의 땅, 저주의 땅이라 할지라도, 주님이 함께 하시면 거룩한 땅, 축복의 땅, 은혜의 땅이 될 수 있다는 것입니다.

여호수아 5장 15절에 보면, "여호와의 군대장관이 여호수아에게 이르되 네 발에서 신을 벗으라. 네가 선 곳은 거룩하니라……"라는 말씀이 있습니다. 이때의 여호수아의 형편은, 난공불락의 성인 여리고 공략을 앞두고 불안, 걱정, 근심에 사로잡혀 있을 때였습니다. 여호수아에게 있어서 그 땅은 위기와 불안의 땅이었습니다. 그러나 그 땅은 하나님이 함께 하심으로 결국 거룩한 땅, 승리의 땅이 되었습니다. 아무리 우리가 선 곳이 절망의 땅, 방황의 땅, 저주의 땅이라 할지라도, 주님이 함께 하시면 거룩한 땅, 축복의 땅, 은혜의 땅이 될 수 있습니다.

2) 우리의 발에서 신을 벗읍시다.

'네 발에서 신을 벗으라.'는 말씀은 무슨 뜻입니까? '신을 벗으라.'는 것은 모든 과거를 벗어 던지라는 것입니다. '신'이란 그동안 신고 다닌 것이니까 그 사람의 과거를 말하지요. 성공했던 과거, 실패했던 과거, 즐거웠던 과거, 슬펐던 과거를 말합니다. 그래서 신에는 온갖 지저분한 것들이 다 묻어 있습니다. 먼지도 묻어 있고요. 지푸라기도 묻어 있어요. 개똥도 묻어 있습니다. 이제 신발을 벗어 던지듯이 모든 과거를 벗어 던지십시오. 과거의 얼룩으로 오늘을 어둡게 살지 마십시오. 과거의 모든 더러움은 예수 그리스도의 보혈로 깨끗이 씻으십시오. 개구쟁이들이 개발새발 그려놓는 모래 위의 그림들이 파도가 밀려오면 깨끗이 지워지듯이 예수 그리스도의 보혈은 우리의 과거를 깨끗이 지우는 영원한 속죄의 파도입니다.

> "그런즉 누구든지 그리스도 예수 안에 있으면 새로운 피조물이라 이전 것은 지나갔으니 보라 새것이 되었도다."(고린도후서 5장 17

절)

하나님은 영원한 갱신자입니다.

또 '신을 벗으라.'는 것은 '종'이 되는 것을 의미합니다. 중동 지역에서 신을 벗는다는 것은 그 사람의 종이 되는 것을 뜻합니다. 고대 이집트에서도 바로 왕 앞에 나아갈 때 신을 벗었습니다. 오늘날 무슬림들도 모스크에 나아갈 때 신을 벗습니다. 이렇게 신을 벗는 것은 '나는 당신의 종입니다.'라는 표현입니다. 모세에게 신을 벗으라고 명령한 것은 '너는 하나님의 종이다.'라는 선언입니다. 이제 신을 벗으십시오. 하나님의 종이 되십시오. 그리고 이 거룩한 땅에서 하나님이 이루시는 일들을 경험하며 복된 삶을 누리십시오.

출애굽기 3장 1-5절을 묵상하면서 나누고 싶은 내용은 '이곳이, 이 지역이 거룩한 땅이다.'라는 가치 인식의 전환이 필요하다는 것입니다. 그리고 교회는 이 지역을 거룩하게 만들기 위한- 지역에 거룩한 문화를 가꾸고, 거룩한 가정을 세우고, 거룩한 공기를 공급할- 사명을 가진다는 것입니다. 이것을 위하여 하나님께서 이곳에 교회를 세우셨습니다. 코로나19 바이러스는 이 사명을 한국 교회에 새롭게 자각시켜주었습니다.

어떻게 교회는 지역에 뿌리를 내려야 할까요? 신문에 난 한희철의 칼럼입니다.[105] 우리에게 많은 시사점을 주는 글이어서 나눕니다.

"동네 뒷동산처럼 북한산이 가까운 정릉에는 골목길이 많습니다. 골목길은 불편하기도 하지만 정겹기도 합니다. 사람들의 말소리와 발소리가 가깝게 들립니다. 골목길 세 개가 만나는 정릉교회 예배당 앞에는 작은 공터가 있습니다. 오랫동안 방치돼 잡초가 자라던 곳이었지요. 문득 생각이 들어 공터를 꽃밭으로 만들었습니다. 우거진 풀을 뽑아내고 돌을 골라내고 꽃을 심었습니다. 해바라기가 담장 쪽에 섰고, 채송화와 국화 맨드라미 천일홍 나팔꽃 봉선화 나비바늘꽃 파래붓꽃 송죽엽 코스모스 등이 서로 어울려 자리를 잡았습니다. 길을 지나가던 사람들이 걸음을 멈추고 꽃을 봅니다. 할머니가 손녀를 데리고 나와 꽃 이름을 들려줍니다. 이웃들은 꽃보다도 잡초가 차지하던 땅이 어떻게 달라지는지를 눈여겨봅니다. 꽃밭으로 바뀐 공터 앞에 '주차 금지'라는 말 대신 짧은 글을 써서 붙였습니다. '예쁜 꽃을 보면, 바라보는 마음도 예쁘겠지요. 예쁜 꽃에 발길 머물면, 마음에도 꽃물이 들겠지요.' 오늘 이 땅의 교회가 향기로운 존재가 되면 이웃들이 걸음을 멈추는 것은 당연한 일일 텐데요."

예쁜 글이지요?

필자가 섬기는 수표교교회의 예배당은 청계천 2가 지역이 상업 지구로 변화되는 과정에서 1988년에 철거되어야 할 도시 계획 대상 건물이었습니다. 때문에 청계천 대지를 팔고, 1984년 5월 13일에 서초동에

제 3성전인 새 성전을 짓고 이전하였습니다. 필자의 교회는 '수표교교회'란 이름을 가지고 이사를 왔기 때문에 서초동이라는 다른 지역에 뿌리를 내리는 일에 특별한 관심을 가져야 한다고 생각합니다. 뿌리 깊은 나무가 튼실한 열매를 맺듯이 교회는 지역에 뿌리를 내려야만 선교적인 열매를 맺을 수 있습니다.

20

가정 신앙 교육

한국 교회는 가정의 믿음 계대에 실패했습니다. 30년 전 미전도 종족이 북위 4도에서 40도 사이(4/40 Window)에 몰려있다고 본 선교학자 루이스 부쉬(Luis Bush)는 이제 미전도 종족의 개념을 지역이 아닌 연령의 개념으로, 즉 만 4세에서 14세 (4/14 Window)로 전환해야 한다고 말하고 있습니다.[106] 그런 의미에서 이제 선교는 다른 문화권에 가서 복음을 전하는 수평적인 것만이 아니라 우리 가정의 다음 세대에 복음을 전하는 수직적인 것이 될 필요가 있습니다. 그렇게 하자면, 이 시대의 부모는 다음 세대에 복음을 전하는 선교사가 되어야 합니다.

한국 교회에 다음 세대를 세우는 일이 얼마나 중요하고 시급한 일인지 잘 압니다. 교단마다 70% 이상의 교회에서 교회 학교가 사라졌습니다. 만일 이 상태가 지속된다면 약 30년 후면, 한국 교회의 70%가 문을 닫게 된다는 결론에 이릅니다. 교회 학교가 사라진 가장 큰 이유는 가정의 믿음 계대에 실패했기 때문입니다. 그 실패의 결과가 오늘의 현실로 나타나고 있습니다. 교회는 가정의 믿음 계대에 관심과 기도와 재정과 시간을 집중해야 합니다. 그렇게 하지 않는다면 교회는 30년 후 문을 닫게 될 것입니다.

가정 신앙 교육에서 부모의 역할은 아무리 강조해도 지나치지 않습니다. '가정 신앙 교육'이란 자녀의 신앙 교육을 교회 학교에만 맡기지 않고 부모는 가정의 신앙 교사로서, 교회 학교 교사는 교회의 영적인 부모로서 한 팀이 되어 다음 세대를 세우는 일에 동역하는 것을 말합니다. 그동안 부모들은 자녀의 신앙 교육을 전적으로 교회 학교에 맡겼습니다. 그런데 교회 학교에서 아이들에게 신앙 교육을 하는 시간을 따져 보면 일주일 168시간 중에서 고작 주일의 1시간입니다. 168시간 중에서 1시간으로 신앙 교육을 한다는 것은 말이 안 되지만, 코로나19 바이러스 사태를 겪으면서 그 한 시간마저도 없어지고 말았습니다. 이런 상황에서 자녀들의 신앙 교육을 누가 맡아야 할까요? 부모가 맡아야 되겠지요. 가정 신앙 교육에서 부모의 역할은 아무리 강조해도 지나치지 않습니다.

달라져야 할 부모

창세기 17장에는 믿음의 조상 아브라함의 이름이 바뀌는 장면이 나옵니다.[107] 우리가 잘 아는 대로 하나님은 창세기 12장에서 아브라함에게 믿음의 후사를 주시겠다고 약속하셨습니다. 그런데 어찌된 일인지 하나님은 약속한 후 24년간이나 아들을 주시지 않았습니다. 어디서부터 잘못된 것일까요? 창세기 17장 1절에서 그 이유를 밝혀줍니다.

"아브람이 구십구 세 때에 여호와께서 아브람에게 나타나서 그에게 이르시되 나는 전능한 하나님이라 너는 내 앞에서 행하여 완전하라."

'나는 전능한 하나님이라.'는 말씀은 '하나님은 아브람과의 약속에 신실하고, 그 약속을 지킬 능력이 있다.'는 것입니다. 그런데 하나님의 약속을 받아야 할 아브람이 지금 '내 앞에 있지 않다.'고 하십니다. '너는 내 앞에서 행하여'라는 히브리어의 뜻은 '하나님 얼굴 앞으로 나오라'는 것입니다. 즉 지금 아브람의 삶은 하나님의 얼굴을 자꾸 피하고 있다는 것입니다. 창세기 17장 1절의 바로 앞 절에서 성경은 아브람이 86세에 이스마엘을 낳았다고 기록합니다.

"하갈이 아브람에게 이스마엘을 낳았을 때에 아브람이 팔십육 세였더라."(창세기 16장 16절)

이 말씀과 관련해서 볼 때, '하나님 얼굴 앞으로 나오라.'는 말씀은 이런 질문이 아닐까요? "아브람아, 네가 13년 전에 이스마엘을 낳았을 때 내 앞에 나아와 나와 상의한 적이 있느냐? 그 일은 내 얼굴을 피하여 네 생각대로 한 일이 아니냐?" 그러니까 하나님이 아브람에게 믿음의 후사를 주시지 않은 것은 부모인 아브람이 아직 준비되지 않았기 때문입니다. 하나님의 도전 앞에 아브람이 엎드렸습니다.

"아브람이 엎드렸더니 하나님이 또 그에게 말씀하여 이르시되."(창세기 17장 3절)

그때 하나님은 이름을 바꾸는 것으로 아브람을 새롭게 세웁니다.

"이제 후로는 네 이름을 아브람이라 하지 아니하고 아브라함이라 하리니 이는 내가 너를 여러 민족의 아버지가 되게 함이니라."(창세기 17장 5절)

아브람은 '존귀한 아버지'라는 의미입니다. 근사한 이름이지요? 이제까지 아브람의 정체성은 가정 안에서 존귀한 아버지였을 뿐이었습니다. 적당히 돈을 벌어 가솔들을 거느리고, 먹이고, 입히면서 집 안에서 존경받는 어른이었습니다. 세상적으로 보면 그리 나쁘지 않습니다. 그런데 하나님은 내 가정만 아는 부모로는 하나님이 계획하신 축복의 자녀를 길러낼 수 없다는 것입니다. 정체성이 바뀌어야 한다는 것입니다.

그래서 이름을 아브람에서 '아브라함'으로 바꿔주십니다. 아브라함의 뜻은 '많은 무리의 아버지'라는 뜻입니다. 하나님이 계획하신 축복의 자녀를 길러내려면 아버지가 달라져야 합니다. 하나님은 동일한 명령을 사래에게도 하십니다.

> "하나님이 또 아브라함에게 이르시되 네 아내 사래는 이름을 사래라 하지 말고 사라라 하라 내가 그에게 복을 주어 그가 네게 아들을 낳아주게 하며 내가 그에게 복을 주어 그를 여러 민족의 어머니가 되게 하리니 민족의 여러 왕이 그에게서 나리라."(창세기 17장 15-16절)

사래는 '공주'라는 뜻입니다. 나만 대접 받고, 나밖에 모르는 공주 같은 삶으로는 하나님이 계획하신 축복의 자녀를 길러낼 수 없습니다. 정체성이 바뀌어야 한다는 것입니다. '사라'라는 말은 '열국의 어미'라는 뜻입니다. 하나님 아버지의 마음으로 이웃을 품고, 나라를 품고, 열방을 품으라고 명하십니다. 바로 그 믿음의 어머니 아래에서 하나님은 축복의 다음 세대를 허락해주신다는 것입니다. 하나님이 계획하신 축복의 자녀를 길러내려면 부모가 달라져야 합니다.

어떻게 부모가 달라져야 할까요?

초대 교회 때부터 그리스도인을 '증인', 헬라어로 '마르투스'라고 불렀습니다. 그런데 '마르투스'라는 단어는 '순교자'를 뜻하는 '마터(martyr)'와 어원이 같습니다. 한 마디로 그리스도인은 '목숨을 걸고 증언해야 할 예수 그리스도라는 이름을 가진 자들'입니다. 지금 신앙 부모가 자녀에게 목숨을 걸고 전하는 이름은 무엇입니까? 예수 그리스도입니까? 명문대학입니까? 잘 나가는 직장입니까? 세상의 스펙입니까? 무엇을 우리 자녀에게 전해줘야 그 인생이 든든해진다고 생각하십니까? '가나안 청년(교회에 안 나가는 기독교인 청년)'의 교회 이탈 시기의 약 50%가 대학생 시절이라고 합니다. '기독교인 부모의 46.4%가 학원 시간과 교회 시간이 겹칠 때 교회에 빠질 수 있다.'라고 응답했는데, 그런 자세가 자녀들에게 암암리에 영향을 줬기 때문이 아닐까요? 어떻게 부모가 달라져야 할지 구체적으로 살펴보겠습니다.

1) 먼저 신앙의 본을 보이라.
430년 애굽의 노예 생활에서 해방된 이스라엘 백성들에게 하나님은 한 가지 중요한 명령을 하십니다.

"오늘 내가 네게 명하는 이 말씀을 너는 마음에 새기고 네 자녀에게 부지런히 가르치며 집에 앉았을 때에든지 길을 갈 때에든지 누워있을 때에든지 일어날 때에든지 이 말씀을 강론할 것이며."(신

신명기 6장 6-7절)

이른바 쉐마 교육의 내용이지요. 여기서 주목할 것은 가정 안에서 자녀들에게 부지런히 하나님의 말씀을 가르치기 전에 먼저 부모가 그 말씀을 마음에 새기라는 명령입니다. '이 말씀을 너는 마음에 새기고.' '마음'은 히브리어로 '레바브'인데 '마음의 중심'을 말합니다. 즉 마음의 중심에 하나님의 말씀을 새겨서 하나님을 믿는다는 것이 어떤 것인지 삶으로 보이라는 것입니다. 부모가 삶의 모범을 보이면 자녀는 하나님의 말씀을 지식이 아닌 진리로 받아들입니다.

집안에 어려운 일이 생겼습니다. 어머니가 대충 머리를 빗고 외출을 합니다. 대학에 다니는 딸이 묻습니다. "엄마, 어디 가세요?" "하나님께 기도하러 교회에 간단다." "엄마, 지금이 어떤 시대인데 교회에 기도하러 가세요. 지금은 화성에서 헬리콥터가 날아다니는 과학 시대예요."라고 딸은 어머니를 핀잔합니다. 세월이 흘러 딸이 결혼하여 가정을 이뤘습니다. 집안에 어려운 일이 생겼습니다. 딸은 엄마의 모습 그대로 교회에 가서 엎드렸습니다. 삶에 위기가 왔을 때 부모가 무릎을 꿇어 기도함으로써 하나님이 아니고서는 도저히 설명할 수 없는 기적 같은 역사를 경험할 때 그 자녀는 하나님을 지식으로만이 아니라 진리로 믿게 됩니다. 기도는 그렇게 배우는 것입니다. 신앙은 그렇게 전수되는 것입니다. 먼저 신앙의 본을 보이십시오.

2) 가정 안에 여호와의 제단을 쌓으라.

창세기 13장에 아브람과 그의 조카 롯을 비교한 말씀이 나옵니다.[108]

"그가(아브람) 처음으로 제단을 쌓은 곳이라 그가 거기서 여호와의 이름을 불렀더라. 아브람의 일행 롯도 양과 소와 장막이 있으므로."(창세기 13장 4-5절)

말씀을 자세히 보면, 아브라함과 롯의 차이를 분명히 알 수 있습니다. 아브라함의 가정에는 여호와의 이름을 부르는 여호와의 제단이 있었습니다. 가정 예배를 드렸다는 거지요. 그러나 롯의 가정에는 양과 소와 장막만 있었습니다. 롯의 가정에는 남부럽지 않은 가축과 소유물이 있었지만 예배는 없었습니다. 입으로는 하나님만이 소망이라고 삼촌 아브람을 따라 갈대아 우르를 떠났지만 정작 가정 안에서는 양 챙기느라, 소 챙기느라, 장막 챙기느라, 하나님의 이름을 부를 여유가 없었던 것입니다. 이 차이는 나중에 땅을 선택하는 과정에서도 고스란히 드러났습니다. 롯은 살기 좋아 보이는 기름진 소돔 땅을 선택했지만 아브라함은 하나님만을 마음에 두었기에 아무런 미련 없이 헤브론을 선택했습니다. 겉보기에는 믿음의 길을 가는 것 같지만 롯은 여호와의 이름을 부르기를 멈추었고, 그러자 자기도 모르는 사이에 세상의 길을 좇았던 것입니다. 그래서 망했습니다.

3) 스펙이 아니라 믿음을 갖게 하자.

사무엘상 17장에는 목동 다윗과 골리앗 장군의 싸움에 관한 말씀이 나옵니다.[109]

"다윗이 블레셋 사람에게 이르되 너는 칼과 창과 단창으로 내게 나아오거니와 나는 만군의 여호와의 이름 곧 네가 모욕하는 이스라엘 군대의 하나님의 이름으로 네게 나아가노라."(사무엘상 17장 45절)

성경은 의도적으로 골리앗의 무기와 다윗의 무기를 비교하고 있습니다. 골리앗의 무기는 칼과 창과 단창입니다. 그러나 다윗의 무기는 '믿음'이라고 성경은 밝힙니다. 다윗은 하나님의 이름을 선포하며 나아갔습니다. '전능하신 하나님!(almighty God!). 하나님의 이름이 전능한 하나님이라면 이 전쟁은 패배할 수가 없는 전쟁입니다.

"오늘 여호와께서 너를 내 손에 넘기시리니……."(사무엘상 17장 46절)

어느새 다윗과 골리앗의 대화에서 하나님이 주어로 등장합니다. 무슨 말입니까? 다윗과 골리앗의 싸움이 아니라 하나님과 골리앗의 싸움이 되었다는 뜻입니다. 하나님과 골리앗이 싸우면 누가 이길까요? 사람에게 지는 하나님을 보셨어요?

우리 자녀들이 마주해야 하는 현실에는 학업, 진학, 취직, 결혼이라는 골리앗이 버티고 있습니다. 세상 사람들은 골리앗을 이길 무기를 갖추는데 골몰합니다. 골리앗을 무너뜨릴 만한 크고 성능이 좋은 무기만 있으면 이길 것이라고 확신하는 듯합니다. 하지만 골리앗은 그렇게 만만한 상대가 아닙니다. 골리앗을 이기는 방법은 오직 하나, 하나님과 한 편이 되는 것입니다. 상황보다 크신 하나님을 믿으십시오. 골리앗이 커 보입니까? 하나님은 그와 비교할 수 없을 정도로 크십니다. 세상의 골리앗이 너무나 강합니까? 만군의 하나님은 그보다 더욱 강하십니다. 자녀가 고난과 위기를 만났을 때 자녀의 시선이 눈에 보이는 골리앗이 아니라 그보다 크신 하나님을 바라보도록 믿음을 갖게 해야 합니다.

북한 선교를 하는 박일천 목사가 다음과 같은 문자를 보내왔습니다. 내용은 이렇습니다. "지난 주일은 어린이 주일이었습니다. 다른 해 같으면 교회에 아이들의 소리로 떠들썩했을 것입니다. 그러나 코로나로 교회에 아이들이 별로 보이지 않았습니다. 그렇지 않아도 교회 학교에 어린이가 적은 상황에서 코로나로 비대면 예배를 드리면서 아이들이 교회에 나오지 않았기 때문입니다. 북한에서는 공산 정권의 박해로 아이들이 지하 교회에서 예배를 드립니다. 우리나라는 코로나19 바이러스로 아이들이 가정에서 예배를 드립니다. 그런데 북한 지하 교회와 우리의 가정 교회는 완전히 다릅니다. 북한의 지하 교회는 목숨을 걸고 예배를 드리지만 우리의 가정 교회는 예배를 때우고 있습니다. 대부분은 목숨을 걸지도 않고, 진지함도 정성도 없으며, 예배를 시청하고 감상할 뿐입니다."

지금 우리는 진정으로 자녀들에게 스펙이 아니라 믿음을 갖게 하는지요? 이도복은 그의 강의 「교회와 가정의 연계」(미간행물)에서 "가정에서 신앙 전수의 핵심은 아버지와의 관계이며, 아버지가 건강한 신앙을 갖게 된다면 자녀들이 건강한 신앙생활을 하게 될 확률은 71%나 된다."고 주장합니다. 스펙이 아니라 믿음을 갖게 하십시오.

바다가 썩지 않고, 그 속에서 수많은 생물이 살아갈 수 있는 것은 3%의 염분 때문이라는 것입니다. 한국 대학생 선교회에서 발표한 중고등부 복음화율은 3.8%랍니다(2015). 바닷물의 염도가 3%라는 것을 기억한다면 이 시대의 기독 학생이 3.8%라는 사실은 결코 적은 숫자가 아닙니다. 그루터기 같은 3.8%의 믿음의 자녀 세대가 세상이라는 바다를(사회를, 민족을, 열방을) 살려내는 진정한 소금이 되도록 양육합시다. 우리 한번 제대로 믿음의 다음 세대를 실어놉시다.

21

예배 회복

코로나19 바이러스 이후 한국 교회의 현실적인 과제는 무너진 공적 예배를 회복하는 일입니다. 코로나19 바이러스의 장기화로 한국 교회의 예배가 무너지고 있습니다. '목회데이터 연구소'의 조사(2021.8.20. 발표)에 의하면, 코로나19 바이러스 사태 이후 교인들은 온라인 예배를 실시간으로 드리긴 하지만(77%), 찬양을 하지 않고 가만히 시청하는 경우가 42%나 됩니다. 온라인 예배는 교인들로 하여금 예배를 드리게 하기보다는 예배를 시청하게 만듭니다. '목회데이터 연구소'의 다른 조사(2021.8.27. 발표)에 의하면, 코로나19 바이러스 사태 이후 '온라인 성찬식을 했다.'는 비율은 8%에 지나지 않았습니다. 이것은 코로나19 바이러스 사태 이후에 은혜의 수단인 성찬식을 대부분의 교회에서 갖지 못했음을 나타냅니다. 이런 조사 결과는 한 마디로, 한국 교회의 예배가 무너지고 있음을 여실히 드러내줍니다. 마음만 먹으면 예배당에 나가지 않아도, 성도의 교제를 누리지 않아도, 선포되는 말씀으로서의 설교를 듣지 않아도, 아무 때나 아무 장소에서나 원하는 설교자의 설교를 손가락으로 터치해서 불러내는 시대가 되었습니다. 그런데 거기에 하나님의 영광이 있습니까? 거기에 예배자의 엄숙함과 진지함이 있습니까? 거기에 성령의 임재가 있습니까? 거기에 영적인 신비가 있습니까? 요한계시록의 예배를 보십시오. "내가 또 보고 들으매 보좌와 생물들과 장로들을 둘러 선 많은 천사의 음성이 있으니 그 수가 만만이요 천천이라 큰 음성으로 이르되 죽임을 당하신 어린 양은 능력과 부와 지혜와 힘과 존귀와 영광과 찬송을 받으시기에 합당하도다 하더라."(요한계시록 5장 11-12절) 온라인 예배에 이런 요한계시록의 예배와 같은 경외심이 있습니까?

김재성은 『하나님은 참된 예배자를 찾으신다.』라는 책에서 "코로나 19 바이러스 상황으로 초래된 예배 금지와 성도의 교제 단절은 결국 교회를 무너뜨리려는 세력의 교묘한 수단이 되고 있음을 성령의 시각으로 간파해야 한다." [110]고 주장합니다. 우리는 온 마음을 다해, 온 정성을 다해 최고의 최선의 예배를 드려야 합니다.

"모이기를 폐하는 어떤 사람들의 습관과 같이 하지 말고 오직 권하여 그날이 가까움을 볼수록 더욱 그리하자."(히브리서 10장 25절)

한국 교회는 전 역량을 동원하여 예배에 승부를 걸어야 합니다. 성도는 예배에 성공해야 성공적인 삶을 살게 됩니다. 예배를 통하여 죄 사함을 받고 하나님의 임재를 경험합니다. 예배를 통하여 용기를 얻고, 다시 일어서게 됩니다. 예배를 통하여 인생이 변화됩니다. 예배가 살아야 교인들이 살고, 예배가 살아야 교회가 삽니다. 예배가 습관화되고, 형식화되고, 죽어 있으면, 교인도 죽고, 교회도 죽습니다. 따라서 교회는 코로나19 바이러스 상황으로 온라인 예배에 익숙해져가고 있는 교우들에게 온라인 예배에서 느낄 수 없는 특별한 현장 예배의 감동을 주도록 기도하고, 연구하고, 준비해야 합니다.

이스라엘 백성이 출애굽하는 목적은 '예배드리게 하소서'입니다.

> "그들이 이르되 히브리인의 하나님이 우리에게 나타나셨은즉 우리가 광야로 사흘 길쯤 가서 우리 하나님 여호와께 제사를 드리려 하오니 가도록 허락하소서 여호와께서 전염병이나 칼로 우리를 치실까 두려워하니이다."(출애굽기 5장 3절)

모세와 아론이 바로 왕에게 설명한 출애굽의 목적은 우리가 기대했던 내용이 아니었습니다. 우리는 기대하기를 "이제 우리에게 자유를 주십시오."라는 정치적인 해방을 요구할 줄 알았습니다. 그런데 그들이 요구한 내용은 "예배드리도록 허락하소서."이었습니다. 애굽 땅을 떠나는 출애굽 역사의 서두에서 모세와 아론이 예배를 요구했다는 것은 살아계신 하나님을 예배할 때만이 병든 역사를 고치고, 민족의 번영을 꿈꿀 수 있기 때문이었습니다. 희망이 있는 백성은 하나님을 예배하는 데에 관심을 갖습니다. 그러나 희망이 없는 백성은 오직 일하는 데에만 관심을 갖습니다. 보십시오! 출애굽기 5장 3절에서 모세와 아론은 '예배를 드리도록 해 달라.'고 하는데, 애굽 왕 바로는 일에만 관심을 갖습니다.

> "애굽 왕이 그들에게 이르되 모세와 아론아 너희가 어찌하여 백성의 노역을 쉬게 하려느냐 가서 너희의 노역이나 하라." (출애굽기 5장 4절)

여기서 '노역'이란 '일'을 말합니다. '가서 너희의 노역이나 하라'는 말은 '가서 일이나 해!'라는 말입니다.

하나님을 기쁘시게 하는 최선의 방법은 하나님께 예배를 드리는 것입니다. 사람이 사는 제일의 목적은 "하나님을 영화롭게 하는 것"입니다. 하나님을 기쁘시게 하는 것입니다. 하나님을 기쁘시게 하는 최선의 방법은 무엇일까요? 바르트(K. Barth)라는 신학자는 "예배는 인간이 할 수 있는 것 중에 가장 중대하고, 가장 긴급하고, 가장 영광스러운 행동이다."라고 말했습니다. 예배가 그토록 중요하기 때문에 하나님은 예배를 드리는 '장소'에 대해서만 출애굽기 25-40장까지 말씀하셨습니다. 예배드리는 '방법'에 대해서도 레위기 1-27장까지 구체적으로 말씀하셨습니다. 이렇게 많은 분량을 할애한 것은 예배가 그토록 중요하기 때문입니다. 하나님은 요구하십니다. 가장 귀한 것으로 성막을 지어라! 가장 온전한 것으로 예물을 드리라! 가장 거룩한 사람이 되어 예배를 드리라! 따라서 교회에서 하는 선교, 교육, 봉사, 교제가 다 중요하지만 예배를 빼놓는다면 그것들은 빈껍데기에 불과합니다.

사람은 일주일마다 예배를 드림으로써 영적인 기름을 채워야 합니다. 우리는 보통 3일 만에 한 번씩 자동차에 기름을 넣습니다. 아무리 좋은 자동차라고 하더라도 기름이 없으면 움직이지 못합니다. 하나님이 인간을 만드실 때, '일주일마다 영적 기름을 넣으라.'고 만들었습니다.

"하나님이 그 일곱째 날을 복 되게 하사 거룩하게 하셨으니 이는 하나님이 그 창조하시며 만드시던 모든 일을 마치시고 이 날에 안식하셨음이니라."(창세기 2장 3절)

따라서 일주일마다 예배를 드림으로써 영적 기름을 채우지 않는 사람은 그 능력이 어떠하든, 그 성실함이 어떠하든, 그 인생은 멈춰 설 수밖에 없습니다.

영과 진리로 드리는 예배

예수님은 어떻게(how!) 예배를 드려야 하느냐에 관심이 있습니다. 예수님께서 유대에서부터 갈릴리로 가시던 중에 사마리아 수가 성 우물가에 앉으셨습니다. 수가 성 우물가에서 예수님은 물을 길러온 사마리아 여인과 대화를 나눕니다. 어느덧 대화의 주제는 예배의 문제에 이릅니다. 이 여인은 조상들의 습관을 좇아 사마리아 땅의 그리심 산에서 예배를 드리는 것이 좋은지 아니면 예루살렘에서 예배를 드리는 것이 좋은지를 질문하고 있습니다.

"우리 조상들은 이 산에서 예배하였는데 당신들의 말은 예배할 곳이 예루살렘에 있다 하더이다."(요한복음 4장 20절)

주님께서 대답하십니다.

"하나님께 참되게 예배하는 자들은 영과 진리로 예배할 때가 오나니 곧 이때라. 아버지께서는 자기에게 이렇게 예배하는 자들을 찾으시느니라."(요한복음 4장 23절)

수가 성 여인은 조상의 습관을 좇아 어디에서 예배를 드리는 것이 좋은지 장소(where!)에 관심이 있습니다. 그러나 주님은 어떻게(how!) 예배를 드려야 하느냐에 관심이 있습니다.

이 말씀을 묵상하다가 몇 가지 질문이 일어났습니다.

① 예수님의 가르침은 예배에 있어서 '장소'가 중요하지 않다는 말씀일까요?

성경은 예배의 장소에 관심이 많습니다. '성막'은 이스라엘 백성들이 출애굽 할 때 광야에서 법궤를 중심으로 형성된 예배 처소이고, '성소'는 가나안 땅에서 레위 지파 제사장들이 주도한 예배 처소이고, '성전'은 솔로몬 이후 왕정 시대에 예루살렘 성전 건물을 중심으로 드리는 예배 처소이고, 신약의 '교회'는 에클레시아, 즉 하나님께서 세상으로부터 불러낸 사람들의 모임을 말하는데, 그 모임의 중요한 목적은 예배입니다. 성경에는 예배를 위하여 장소를 구별하였습니다. 하나님은 무소부재하시지만 예배드리는 장소를 구별하셨습니다. 그런 점에서 예수님의 가르침은 '장소가 예배 성공 여부를 결정하는 요소가 아니라.'는 뜻이지 '예배를 위한 구별된 처소가 중요하지 않다.'는 의미가 아닙니다.

② '영과 진리로 예배할 때가 오나니'에서 '영과 진리로 예배한다.'는 말이 무슨 말인가요?

요한복음 4장 23절을 다시 읽어봅니다.

"아버지께 참되게 예배하는 자들은 영과 진리로 예배할 때가 오나니 곧 이때라……."

'영'이란 '성령'을 가리킵니다. '진리'란 요한복음에서는 '예수님'을 가리킵니다. 따라서 '영으로 예배를 드리라'는 것은 성령의 임재 가운데 예배를 드리라는 말씀이고, '진리로 예배를 드리라'는 것은 예수 그리스도의 보혈을 의지하여 예배를 드리라는 말씀입니다. 그러므로 참된 예배란 예수님의 보혈로 죄 사함을 받은 사람들이 성령의 감동으로 드리는 예배를 말합니다.

③ '하나님이 이렇게 예배하는 자들을 찾으신다.'는 말씀은 무슨 뜻입니까?

요한복음 4장 23절에 보면, "…… 아버지께서는 자기에게 이렇게 예배하는 자들을 찾으시느니라."는 말씀이 있습니다. '찾으신다.'는 것은 그렇게 예배하는 자가 드물다는 말이고, 귀하다는 말이며, 그렇게 예배하는 자를 축복하시겠다는 말입니다. 봉사를 많이 한다는 칭찬보다는, 한 가족처럼 섬긴다는 칭찬보다는, 전도를 많이 한다는 칭찬보다는, 최고의 예배를 드린다는 칭찬을 열망하십시오.

그러면 구체적으로 어떻게 예배 생활을 해야 할까요?

① 뭐니 뭐니 해도 주일 예배를 잘 드려야 합니다.

신앙생활의 기본은 주일 예배입니다. 주일 예배에 대한 바른 이해와 신앙 습관이 있어야 합니다. 주일 예배에 대한 조그마한 신앙적인 양보의 낌새가 보이기만 하면, 주일 예배를 못 드릴 이유가 왜 그렇게 많이 생기는지 모릅니다. 이상하게 몸이 으스스하고 감기몸살 기운을 느끼는 일, 급한 전화를 기다려야 할 일, 부부 사이에 말다툼이 일어나 예배드릴 마음이 싹 가시는 일, 토요일 늦게까지 손님 접대해야 할 일, 주일까지 꼭 마무리 지어야 할 보고서를 작성하는 일, 주일에 꼭 공부해야만 될 것 같은 시험 준비하는 일, 사탄은 이런 일을 계속 만들어서 그 영혼을 노략질합니다.

이런 이야기를 들었습니다. 노선버스를 운전하면서도 주일 예배를 한 번도 빠지지 않은 성도가 있었습니다. 노선버스 운행에는 운전자의 운행 시간이 미리 짜인답니다. 그런데 명절이나 공휴일에 운전이 걸린 동료를 위해 그는 대신 운전을 해주고 주일 성수를 한다는 것입니다. 정성이 대단하지요? 하나님께서 그런 정성으로 드린 예배를 어떻게 감동 없이 받으시겠어요? 그리고 본인도 그렇게 정성으로 예배를 드리면서 어떻게 은혜를 받지 않겠어요? 그의 정성이 대단하지만, 생각해보면 주일을 지키려고 마음만 먹으면 할 수 있는 일입니다.

② 믿음을 계대하기 위하여 가정 예배를 드리십시오.

필자 교회의 교회 학교에서는 한 달에 한 번씩 가정 예배를 드리도록 권면하고, 예배 자료를 제공하고 있습니다. 금요일 밤이든지, 토요일 아침이든지 시간을 정하여 가정 예배를 드리도록 권면하고 있습니다. 교회는 가정 같아야 하고, 가정은 교회 같아야 한다는 말이 있습니다. 그런데 한 주간 동안 가정에서 '하나님' 소리 한 번 들어보지 못하고 지낼 수 있습니다. 한 주간이 아니라 잘못하면 평생 동안 가정에서 '하나님' 소리 한 번 듣지 못하고 살아갈 수 있습니다. 가정 예배를 드리십시오! 가정에서 찬송 소리와 기도 소리가 나게 하는 것은, 건강하고 행복한 가정을 위하여 얼마나 중요한지 모릅니다. 너무 잘 아는 식구끼리 마주 앉아 예배드린다는 것이 쑥스럽고, 어색하지 않을까라는 생각을 할 수 있습니다. 그러나 한 번만 드려보십시오! 결코 어색하거나 쑥스럽지 않습니다. 가정 예배를 드릴 때 부담스러운 것이 설교입니다. 그러나 설교를 안 해도 됩니다. 필자 가정의 경우, 날짜에 따른 잠언 한 장씩을 읽었습니다. 상에 둘러 앉아 찬송을 부르고, 매일 잠언 한 장씩을 읽고, 아버지인 필자가 기도하고, 주기도문으로 마치는 가정 예배였습니다. 작은 아이는 아내의 무릎 위에 앉아서 엄마가 손가락으로 가리키는 찬송가와 성경의 글자를 보다가 한글을 깨쳤습니다. 잠언은 전체가 31장입니다. 30일인 달에는 마지막 날에 두 장씩 읽어 매달 잠언을 다 읽었습니다. 그러니까 일 년이면 잠언을 12번, 10년이면 잠언을 120번 읽게 되는 것입니다. 잠언은 생활의 지혜를 담은 책입니다. 잠언은 가정 교육의 최고의 교과서입니다. 부지런해야 한다, 인간관계는 어떻게 해야 한다, 하나님은 어떻게 섬겨라, 형제간에는 어떻게 사랑해라, 부모는 어떻게 공경해라, 이성 관계는 어떻게 해라, 돈은 어떻게 벌고 어떻게 써라, 다 나와 있습니다. 만일 부모가 자식들에게 그것을 가르치려 든다면, 그들은 '잔소리 그만 하시라.'고 두 마디도 듣기 전에 도망갈 것입니다. 그런데 하나님 말씀이니깐 읽고 또 읽습니다. 가족들을 위해 기도할 때는 가정의 제사장으로서 뿌듯함을 한껏 느끼는 순간이었습니다. 가정 예배는 하나님이 없는 것처럼 여기는 이 세상 속에서 하나님을 인정하고 고백하는 구별된 자리입니다. 가정 예배를 드리십시오.

문제는 예배의 회복입니다. 예배를 우습게 여긴 삶이 잘 된 예가 없습니다. 예배를 우습게 여긴 가정이 잘 된 예가 없습니다. 예배를 우습게 여긴 민족과 국가가 잘 된 예가 없습니다. 북한을 보십시오! 하나님 없이 일만 잘하면 유토피아(지상 낙원)를 이룰 줄 알았습니다. 그래서 그들은 예배당을 헐었습니다. 그들은 예배드리는 것을 노는 줄로 알아 교인들을 협동농장으로 내몰았습니다. 그 결과 어떻게 되었습니까? 가뭄, 기근, 질병, 가난, 독재로 그 땅을 낙원이 아니라 지옥으로 만들지 않았습니까? 문제는 예배입니다. 예배의 회복이 없이는 삶의 회복이 없습니다. 예배의 회복이 없이는 가정의 회복도 없습니다. 예배의 회복이 없이는 교회 부흥도 없습니다.

나가는 말

코로나19 바이러스 이후 한국 교회의 선교적 실천 과제

코로나19 바이러스가 '한국 교회는 종교 소비자를 위한 종교 백화점이라'는 민낯을 여지없이 드러냈습니다. 백화점에 가면 필요한 갖가지 상품들을 갖춰놓고 호객하고 있지 않습니까? 백화점처럼 한국 교회가 종교 소비자인 교인들을 위한 종교 백화점이 되고 말았습니다.

코로나19 바이러스 사태가 주는 교훈은 '한국 교회는 교인의 욕구를 충족시켜주는 종교 백화점이 아니라 주님의 선교 명령에 순종하는 선교적 교회가 되어야 한다.'는 것입니다. 선교적 교회(missional church)를 말하는 것은 선교를 더 많이 하자는 것이 아닙니다. 교회의 본질을 찾자는 것입니다. 그래서 교회를 위해 선교가 존재하는 것이 아니라 선교를 위해 교회가 존재하는 것이며, 선교를 망각한 교회는 더 이상 교회 되기를 포기한 것이나 마찬가지임을 알자는 것입니다.

이제까지 논의한 코로나19 바이러스 이후 한국 교회의 선교적 실천 과제를 아래와 같이 정리해봅니다.

1) 한국 교회는 공공성을 회복하자

코로나19 바이러스 사태를 겪으면서 한국 교회를 향한 가장 뼈아픈 지적은 "한국 교회가 공공성을 결여했다."는 것입니다. '공공성'이란 '한 개인이나 단체가 아닌 일반 사회 구성원 전체에 두루 혜택을 주는 성질'을 말합니다. '한국 교회가 공공성을 결여했다.'는 것은 '한국 교회가 자기들만의 이익을 추구하는 이기적인 집단으로 비춰졌다.'는 말입니다.

코로나19 바이러스 사태가 발생하자 카톨릭은 전쟁 중에도 멈추지 않았다는 주일 미사를 중지한다고 선포했습니다. 불교도 예불을 중지한다고 선포했습니다. 그러나 개신교는 엇박자를 냈습니다. 예배당에서 모이는 주일 공예배를 온라인 예배로 전환하라는 정부의 권고를 '종교 탄압'이라고 반박했습니다. 헌법에 보장된 종교의 자유를 지켜야한다고 정부를 비난했습니다. 그동안 한국 교회는 공공성이 결여되어 사회적 신뢰도를 떨어뜨렸습니다.

2) 한국 교회는 공동체 의식을 회복하자

그동안 한국 교회는 우리 민족 공동체의 중요한 아젠다인 '양극화 해소', '한반도 평화', '환경' 문제 등을 외면함으로써 사회적인 영향력을 상실하였습니다. 한국 교회는 이런 중요한 이슈를 방관함으로써 지식인 사회에서 소외되고 말았습니다. 지금 코로나19 바이러스 상황이 이런 현실을 극명하게 보여주고 있습니다. 따라서 코로나19 바이러스 이후에 한국 교회가 서둘러 관심을 가져야 할 부분은 공동체 의식을 회복하는 일입니다.

3) 한국 교회는 생태 친화적이 되자

코로나19 바이러스 사태가 우리에게 준 충격 중의 하나는, 자연, 생태에 대한 우리의 무관심을 적나라하게 드러냈다는 것입니다. 결국 지구를 이 모양으로 만든 것은 인간이었습니다. 코로나19 바이러스는 인간이 자신의 욕망을 충족시키기 위해 자연을 파괴한 결과로 동물이 사는 야생과 인간이 사는 마을의 경계선이 무너지면서 동물에게만 있던 바이러스가 인간에게까지 전염된 인수공통 질병(zoonotic disease)입니다.

이제 한국 교회는 생태 친화적 문명으로 전환하고, 탄소 제로 사회를 만들기 위해 어떻게 실천해야 할지를 고민해야 합니다. 교회는 '자연과 생태를 회복하는' 하나님의 구원을 실천하는 공동체가 되어야 합니다. 이것이 코로나19 바이러스 사태 이후 하나님께서 기대하시는 '교회 됨'입니다.

4) 한국 교회는 남북통일과 평화의 비전을 품자

교회는 이데올로기에 속박되어서는 안 됩니다. 그 이유가 있습니다. 첫째, 교회가 이데올로기에 갇히면 그 이데올로기가 몰락할 때 교회도 함께 몰락하기 때문입니다. 둘째, 교회가 이데올로기와 한 배를 타게 되면, 기독교 보수주의자들은 보수 정권을 비판할 수 없고, 기독교 진보주의자들은 진보 정권을 비판할 수 없기 때문입니다. 교회는 이데올로기에 초월하여 어떤 이데올로기든지 하나님의 말씀으로 비판하고, 교정할 수 있어야 합니다. 교회는 성경의 예언자 전통을 따라 공산주의뿐만 아니라. 천민자본주의든지, 연성 독재든지 비판할 수 있어야 합니다. 셋째, 한국 교회가 진영 논리에 갇히면, 남북통일과 평화의 논의에 주도적으로 참여할 수 없게 되기 때문입니다. 한국 교회가 보수 진영의 논리에 갇히면 '멸공통일론'에 묶이게 되고, 진보 진영의 논리에 갇히면 '연방제 통일론'에 묶이게 되어 통일 논의에서 소외될 수밖에 없습니다. 따라서 한국 교회는 이데올로기에 갇혀서는 안 됩니다. 기독교는 세속의 어떤 이데올로기와도 등치될 수 없습니다. 성경의 사상은 보수도 아니고 진보도 아닙니다. 어떤 면에서 성경은 보수보다 더 보수적이며, 진보보다 더 진보적입니다.

코로나19 바이러스 사태 이후 한국 교회가 남북통일과 평화의 아젠다를 제대로 붙잡지 못하면 우리 민족사에서 별 의미를 갖지 못하는 집단으로 몰락될 지도 모릅니다. 우리가 평화를 만드는 사람들이 될 때 세상은 우리를 하나님의 아들로 인정해줄 것입니다.

5) 한국 교회는 세상을 품은 그리스도의 제자를 양육하자

코로나19 바이러스가 한국 교회에 준 충격 중의 하나는 교인 숫자, 예배당의 크기 등 소위 한국 교회에 편만한 물량주의에 대한 허상을 깨뜨린 것입니다. 사회적 거리두기로 비대면 예배(온라인 예배)를 드리다

보니 몇 만 명이 모이는 교회의 텅 빈 예배당에서 담임 목사가 혼자 설교하는 광경이나 10명 미만 모이는 개척 교회의 텅 빈 예배당에서 담임 목사가 혼자 설교하는 광경이나 별반 다르지 않았습니다. 코로나19 바이러스 사태 이후 어느 순간부터 목회자들이 모여 교회 형편을 물을 때 "교인이 몇 명이지요?" "예배당은 얼마나 크지요?"라는 질문이 사라졌습니다. 왜냐하면 비대면 예배 상황에서 그런 질문은 의미가 없기 때문입니다.

한국 교회는 교인 수 늘이기에서 제자 양육으로의 전환이 시급하게, 절대적으로 요청됩니다. 제자를 키워내는 것은 교재를 가지고, 교육하는 '지적 노동'을 뜻하지 않습니다. 1단계 과정 후 2단계를 밟고, 3단계 후 4단계를 밟는 그런 프로그램이 아닙니다. 그런 지식 전수를 해봤자 그럴듯한 종교인만 키워낼 뿐입니다. 앞 사람이 1m 뒤에 오는 사람을 가르치며 삶으로 보여주면서 제자를 세워가는 것입니다. 그것이 초대 교회의 '제자도' 정신이고 방법입니다.

6) 한국 교회는 지역에 뿌리를 내리자

코로나19 바이러스 사태가 드러낸 한국 교회의 문제 중의 하나는, '한국 교회가 지역에 뿌리를 내리지 못했다.'는 것입니다. 코로나19 바이러스 사태를 겪으면서 '지역', '지역 주민'이라는 단어가 크게 한국 교회에 다가옴을 느낍니다. 코로나19 바이러스 사태 와중에 교회의 대면 예배 문제로 관공서에 민원을 제기하거나 고발한 사람들은 주로 지역 주민들이었습니다. '지역에 있는 공터에 들어와서는 안 될 건물은 무엇입니까'라는 설문 조사에 가장 많이 나온 답이 '교회'였답니다. 왜냐하면 교회는 주일마다 외부인들을 동네로 몰고 와 교통 혼잡을 일으키고, 동네의 쾌적함을 훼손한다는 것입니다. 뿌리가 없는 나무가 서서히 죽어가듯이 지역에 뿌리를 내리지 못한 교회도 서서히 죽어갈 수밖에 없다는 사실을 간과해서는 안 됩니다.

7) 가정 신앙 교육으로 교회의 다음 세대를 세우자

30년 전 미전도 종족이 북위 4도에서 40도 사이(4/40 Window)에 몰려 있다고 본 선교학자 루이스 부쉬(Luis Bush)는 이제 미전도 종족의 개념을 지역이 아닌 연령의 개념으로, 즉 만 4세에서 14세 (4/14 Window)로 전환해야 한다고 말하고 있습니다. 그런 의미에서 이제 선교는 다른 문화권에 가서 복음을 전하는 수평적이 아니라 우리 가정의 다음 세대에 복음을 전하는 수직적이 될 필요가 있습니다. 그렇게 하자면, 이 시대의 부모는 다음 세대에 복음을 전하는 선교사가 되어야 합니다.

우리는 다음 세대를 세우는 일이 얼마나 중요한 일인지 잘 압니다. 교단마다 70% 이상의 교회에서 교회 학교가 사라졌습니다. 만일 이 상태가 지속된다면 약 30년 후면, 교회의 70%가 문을 닫게 된다는 결론에 이릅니다. 교회 학교가 사라진 가장 큰 이유는 가정의 믿음 계대에 실패했기 때문입니다. 그 실패의 결과가 오늘의 현실로 나타나고 있습니다. 교회는 가정의 믿음 계대에 관심과 기도와 재정과 시간을 집중해야 합니다. 그렇게 하지 않는다면 교회는 30년 후 문을 닫게 될 것입니다.

'가정 신앙 교육'이란 자녀의 신앙 교육을 교회 학교에만 맡기지 않고, 부모는 가정의 신앙 교사로서, 교회 학교 교사는 교회의 영적인 부모로서 한 팀이 되어 다음 세대를 세우는 일에 동역하는 것을 말합니다. 그동안 부모들은 자녀의 신앙 교육을 전적으로 교회 학교에 맡겼습니다. 그런데 교회 학교에서 아이들에게 신앙 교육을 하는 시간을 따져보면 일주일 168시간 중에서 고작 주일의 1시간입니다. 168시간 중에서 1시간으로 신앙 교육을 한다는 것은 말이 안 되지만, 코로나19 바이러스 상황을 겪으면서 그나마 그 한 시간마저도 없어지고 말았습니다. 이런 상황에서 자녀들의 신앙 교육을 누가 맡아야 할까요? 가정 신앙 교육에서 부모의 역할은 아무리 강조해도 부족합니다.

8) 한국 교회는 속히 공적, 대면 예배를 회복하자

코로나19 바이러스 사태 이후 한국 교회의 현실적인 과제는 무너진 공적, 대면 예배를 회복하는 일입니다. 코로나19 바이러스 상황의 장기화로 한국 교회의 예배가 무너지고 있습니다. 마음만 먹으면 예배당에 나가지 않아도, 성도의 교제를 누리지 않아도, 선포되는 말씀으로서의 설교를 듣지 않아도, 아무 때나 아무 장소에서나 원하는 설교자의 설교를 손가락으로 터치해서 불러내는 시대가 되었습니다. 그런데 거기에 하나님의 영광이 있습니까? 거기에 예배자의 엄숙함과 진지함이 있습니까? 거기에 성령의 임재가 있습니까? 거기에 영적인 신비가 있습니까?

한국 교회는 전 역량을 동원하여 예배에 승부를 걸어야 합니다. 성도는 예배에 성공해야 성공적인 삶을 살게 됩니다. 예배를 통하여 죄

사함을 받고 하나님의 임재를 경험합니다. 예배를 통하여 용기를 얻고, 다시 일어서게 됩니다. 예배를 통하여 인생이 변화됩니다. 예배가 살아야 교인들이 살고, 예배가 살아야 교회가 삽니다. 예배가 습관화되고, 형식화되고, 죽어 있으면, 교인도 죽고, 교회도 죽습니다. 따라서 교회는 코로나19 바이러스 상황에서 온라인 예배에 익숙해져가고 있는 교우들이 온라인 예배에서 느낄 수 없는 특별한 현장 예배의 감동을 얻도록 기도하고, 연구하고, 준비해야 합니다.

다시 한번 반복하여 강조하지만 이런 과제들을 수행하려면 한국 교회가 혁신적으로 틀을 바꾸어야 합니다. 따라서 코로나19 바이러스 사태 후의 한국 교회는 '선교적 교회'가 되어야 합니다. 선교적 교회는 세상과 소통하고, 세상을 섬기며, 예수 그리스도의 복음으로 세상을 변화시키는 교회입니다. 선교적 교회는 온 성도가 세상으로 보냄을 받았다는 확신 아래 세상 속으로 들어가 하나님의 통치를 삶으로 보여주는 교회입니다. 선교적 교회는 성도들을 교회 안에서만 순응하도록 훈련하는 것이 아니라 담장을 넘어 정의로운 사회를 만들어가는 하나님의 사람으로 세워가는 교회입니다.

결국 목회자들이 중요합니다. 그 누구보다도 목회자들이 중요합니다. 한국 교회를 살리기 위해 목회자들의 헌신과 희생이 요구됩니다. 이스라엘 성지 순례 때 들은 이야기입니다. 유대인의 격언 중에 이런 말이 있답니다. '사람은 죽기 위해 태어난다. 그러나 영원히 살기 위해 죽는다.' 이 말의 역사적 배경은 그 유명한 마싸다 항쟁입니다. 기원전 63년부터 로마의 지배를 받아오던 유대인들은 서기 66년부터 70년 사이 독립 전쟁을 벌입니다. 그러나 서기 70년 예루살렘은 마침내 로마군에게 점령당합니다. 성전은 완전히 파괴되고, 유대인 110만 명이 살육을 당합니다. 이때 유대인 중 일부 열심당원들(Zealots)이 가족과 함께 사해 인근에 있는 마싸다(Masada) 요새로 퇴각하여 최후의 항전을 벌입니다. 로마의 최정예 부대인 제 10군단은 마싸다 함락을 위해 2년 동안이나 공격을 시도하였지만 좀처럼 뜻을 이루지 못하고 있었습니다. 사방이 절벽인 천혜의 요새인데다가 비록 소수이지만 유대인들의 저항이 만만하지 않았기 때문입니다. 로마의 실바(Flavius Silva) 장군은 최후의 수단으로 유대인 노예들을 앞장 세워 요새 서쪽에 흙으로 경사로를 쌓아 올리기 시작했습니다. 마침내 공사가 끝나고 다음날이면 로마군의 총공세가 예고된 상황에서 유대인 지도자 엘르아살 벤 야일(Eleazar Ben Yair)은 그날 밤 967명의 동지들을 모아놓고 다음과 같이 마지막 연설을 합니다.

"형제들이여, 이제 날이 밝으면 우리의 저항도 끝날 것입니다. 이제 우리는 분명한 행동으로 우리의 신앙을 입증할 때가 되었습니다. 우리에게 아직 자유가 있을 때 우리 스스로 명예로운 죽음을 맞이합시다. 우리의 아내들이 그들에게 욕보임을 당하지 않은 채로 죽음을 맞게 합시다. 우리의 자녀들이 노예가 무엇인지 모른 채로 죽음에 이르도록 합시다."

이 비장한 연설에 모두의 마음이 하나가 되었습니다. 자살을 금지하는 율법의 규정에 따라 남자들은 집에 돌아가 처자식과 이별의 포옹과 키스를 나눈 뒤 가족들을 자신의 손으로 죽였습니다. 남자들만 남게 되었을 때 제비로 뽑힌 10명이 나머지 남자들을 모두 죽였습니다. 그리고 제비로 뽑힌 한 명이 나머지 아홉 명을 죽인 후 자신은 칼에 엎드려 자결했습니다. 다음날 아침 로마군이 성문을 부수고 쳐들어왔을 때 그들은 허망한 승리로 만족해야만 했습니다. 그들은 비록 마싸다 요새는 정복했지만 유대인을 이기지는 못했기 때문입니다. 유대인 역사가 요세푸스의 『유대인 전쟁사(Jewish war)』에 기록된 이야기입니다.

사람은 죽기 위해 태어납니다. 그러나 영원히 살기 위해 죽습니다. 우리가 이런 각오를 갖는다면, 산등성이마다 게딱지처럼 붙어 밤새워 기도했고, 골짜기마다 순교의 피가 흘러내린 이 땅의 교회는 그냥 주저앉지 않을 것입니다. 절망하기에는 너무 이릅니다. 반드시 다시 일어나야 합니다. 이 책은 한국 교회를 위해 놓칠 수 없는 마지막 한 줄기 희망을 붙잡는다는 심정으로 썼습니다. 한국 교회, 아직 희망이 있습니다!

"뜻이 하늘에서 이루어진 것같이 땅에서도 이루어지이다."

미주

들어가는 말

01　김형석, 『기독교, (아직) 희망이 있는가?』 (서울: 두란노서원, 2020), 6.

02　위의 책, 12.

03　위의 책, 15.

04　위의 책, 16.

05　위의 책, 23.

06　위의 책, 32.

1부 코로나19 바이러스 사태로 드러난 한국 교회의 민낯

01 기독교 영성 상실

07　이후정, 『기독교 영성 이야기』 (서울: 신앙과지성사. 2013), 80-81.

08　이도영, 『코로나19 이후 시대와 한국 교회의 과제』 (서울: 새물결플러스, 2020), 101.

02 공동체성 상실

09　이도영, 『페어처치』 (서울: 새물결플러스, 2017), 347.

10　위의 책, 348-349 재인용.

11　위의 책, 385-387.

03 공교회성 상실

12　정요석, 『하이델 베르그 교리문답, 삶을 읽다(상)』 (서울: 새물결플러스, 2017), 454.

13　한국웨슬리학회 편 조종남. 김홍기. 임승안 외 공역, 『웨슬리 설교전집 6』 (서울: 대한기독교서회, 2006) 149-163.

14　위의 책. 151.

15　위의 책, 153-155.

16　위의 책, 155.

17　위의 책, 162.

18　위의 책, 163.

19 이도영, 『페어처치』 (서울: 새물결플러스, 2017), 161.

20 이도영, 『페어처치』 (서울: 새물결플러스, 2017), 165.

04 공공성 상실

21 이도영, 『코로나19 이후 시대와 한국 교회의 과제』 (서울: 새물결플러스, 2020), 27.

22 이도영, 『페어처치』 (서울: 새물결플러스, 2017), 215-216.

23 위의 책, 213-214.

24 위의 책, 241에서 재인용.

25 위의 책, 231.

2부 선교적 교회란

05 선교적 교회 되기

26 송민호, 『선교적 교회로 가는 길』 (서울: 나눔사, 2020), 116-119.

27 이도영, 『페어처치』 (서울: 새물결플러스, 2018), 168-169에서 재인용.

28 송민호, 『선교적 교회로 가는 길』 (서울: 나눔사, 2020), 121-132.

29 송민호, 『선교적 교회로 가는 길』 (서울: 나눔사, 2020), 151-152.

06 선교적 교회의 요소들

30 위의 책, 153-158.

3부 존 웨슬리의 성화론에서 답을 찾다

07 의인(justification)

31 이 장은 필자의 책 『헌신』 (용인: 킹덤북스, 2019)의 chapter 5, '의로 여기심'를 보충했음을 밝힌다.

32 존 웨슬리는 그의 설교 '믿음에 의한 구원'에서 이 믿음을 '마귀의 믿음'이라고 표현했다.

33 존 웨슬리는 1738년 올더스게이트 체험을 한 후에 1738년 '믿음으로 말미암은 구

원'(Salvation by Faith) 이라는 유명한 설교를 세상에 내놓았다. '선행의인화(justification by good works'의 신학에서 '신앙의인화(justification by faith)'의 신학으로 신학적 전환을 하기에 이른 것이다. 김홍기, 『존 웨슬리의 성화론』(서울: 한들출판사, 2008), 23.

34 한국웨슬리학회 편 조종남 외 공역, 『웨슬리 설교전집 1』(서울: 대한기독교서회, 2006), 101.

35 김홍기, 『존 웨슬리의 성화론』(서울: 한들출판사, 2008), 19-20.

36 한국웨슬리학회 편 조종남 외 공역, 『웨슬리 설교전집 1』(서울: 대한기독교서회, 2006), 99.

08 성화(sanctification)

37 이 장은 필자의 책 『헌신』(용인: 킹덤북스, 2019)의 chapter 10, '성화'를 보충했음을 밝힌다.

38 존 웨슬리, 『존 웨슬리의 일기』 김영운 역 (고양: 크리스챤다이제스트, 2010[John Wesley, Journal of John Wesley]), 75.

39 김홍기, 『존 웨슬리의 성화론』(서울: 한들출판사, 2008), 26. 모리비안 지도자 진젠도르프(Zinzendorf)는 믿음으로만 성화가 이루어진다고 강조한 반면, 웨슬리는 믿음만 아니라 사랑과 선행으로 성화가 이루어짐을 강조하였다. 진젠도르프는 '사랑을 더 많이 한다고 더욱 거룩해지는 것이 아니고, 덜 사랑한다고 해서 덜 거룩해지는 것도 아니라.'고 주장한다(Non magis sanctitas est, si magis amat, neque minus sanctus, si minus amat). 그러나 웨슬리는 '사랑 안에서 성장한다.'고 해석한다(dum crescit in amore).

40 김홍기, 『존 웨슬리의 성화론』(서울: 한들출판사, 2008), 48-51.

41 김홍기, 『존 웨슬리의 성화론』(서울: 한들출판사, 2008), 31.

42 한국웨슬리학회 편 조종남 외 공역, 『웨슬리 설교전집 6』(서울: 대한기독교서회, 2006), 165-178.

43 김홍기, 『존 웨슬리의 성화론』(서울: 한들출판사, 2008), 32. 루터는 죄를 깨닫게 하는 율법의 제 1용법과 공공질서를 유지하는 율법의 제 2용법을 말하지만 성화의 채찍질로서 율법의 제 3용법을 강조하지 않는다. 그러나 웨슬리는 성화의 채찍질로서 율법의 제 3용법을 강조하면서 산상 수훈을 해석했다. 산상 수훈은 거듭나지 못한 초신자를 위한 것이 아니라 이미 거듭난 신자들을 성화시키기 위해서 필요한 말씀이라는 것이다.

44 김인환, 「한국 교회의 구원론 진단」(서울: 쿰란출판사, 2019), 58.

45 위의 책, 57.

09 완전 성화(Christian perfection)

46 이 장은 필자의 책 『헌신』(용인: 킹덤북스, 2019)의 chapter 11, '그리스도인의 완전'을

보충했음을 밝힌다.

47　김진두, 『웨슬리와 우리의 교리』 (서울: 도서출판 kmc, 2010), 215.

48　존 웨슬리, 『그리스도인의 완전』 이후정 역 (서울: 감리교신학대학교 출판부, 2006), 11.

49　위의 책, 113.

50　Works XI, 444. 조종남, 『요한 웨슬레의 신학』 (서울: 대한기독교출판사, 1984), 188-189에서 재인용.

51　조종남, 216에서 재인용.

52　김홍기, 『존 웨슬리의 성화론』 (서울: 한들출판사, 2008), 76. 루터나 칼빈은 어거스틴의 영향을 받아 인간의 욕망(concupiscentia)과 죄악성 때문에 죽기 전의 완전 실현이 불가능하다고 보았으나 웨슬리는 죄악성의 깊이보다 은총의 높이가 더욱 크심을 주장하는 은총의 낙관주의에 의해 완전의 실현 가능성을 강조함으로써 크리스천들로 하여금 보다 열심 있는 구원 완성의 순례자들이 되게 하였다.

53　존 웨슬리, 『그리스도인의 완전』 이후정 역 (서울: 감리교신학대학교 출판부, 2006), 16.

54　위의 책, 16.

10 성화 수련과 소그룹(속회)

55　국민일보 2020. 11. 28. 일자 칼럼 '하나님은 매 순간 의식해야 하는 마음속 호랑이.'

56　한국웨슬리학회 편 조종남 외 공역, 『웨슬리 설교전집 7』 (서울: 대한기독교서회, 2006), 135.

57　김홍기, 『존 웨슬리의 성화론』 (서울: 한들출판사, 2008), 339-345.

58　김홍기, 『존 웨슬리의 성화론』 (서울: 한들출판사, 2008), 246-248.

59　위의 책, 248-257.

60　김홍기, 『존 웨슬리의 성화론』 (서울: 한들출판사, 2008), 228.

61　김진홍, 『헌신』 (용인: 킹덤북스, 2019), 264-267.

11 사회적 성화

62　김홍기, 『존 웨슬리의 성화론』 (서울: 한들출판사, 2008), 202.

63　위의 책, 203.

64　M 마르크바르트, 『존 웨슬리의 사회 윤리』 조경철 역 (서울: 보문출판사, 1992), 35.

65　위의 책, 42.

66 위의 책, 48.

67 위의 책, 33.

68 위의 책, 110.

69 위의 책, 118.

70 위의 책, 119.

71 위의 책, 122.

72 위의 책, 134.

73 김홍기, 『존 웨슬리의 성화론』 (서울: 한들출판사, 2008), 77.

12 경제적 성화

74 M 마르크바르트, 『존 웨슬리의 사회 윤리』 조경철 역 (서울: 보문출판사, 1992), 55.

75 한국웨슬리학회 편 조종남 외 공역, 『웨슬리 설교전집 3』 (서울: 대한기독교서회, 2006), 281. 존 웨슬리의 설교 '돈의 사용(The Use of Money)'에서.

76 M 마르크바르트, 『존 웨슬리의 사회 윤리』 조경철 역 (서울: 보문출판사, 1992), 67.

77 위의 책, 67.

78 김홍기, 『존 웨슬리의 성화론』 (서울: 한들출판사, 2008), 70.

79 위의 책, 82.

80 M 마르크바르트, 『존 웨슬리의 사회 윤리』 조경철 역 (서울: 보문출판사, 1992), 57.

81 한국웨슬리학회, 『존 웨슬리 논문집1』 (서울: 한국웨슬리학회, 2009), 393.

82 한국웨슬리학회 편 조종남 외 공역, 『웨슬리 설교전집 3』 (서울: 대한기독교서회, 2006), 281.

13 우주적 성화(생태, 환경 회복)

83 M 마르크바르트, 『존 웨슬리의 사회 윤리』 조경철 역 (서울: 보문출판사, 1992), 54.

84 김홍기, 『존 웨슬리의 성화론』 (서울: 한들출판사, 2008), 191

85 위의 책, 192.

86 한국웨슬리학회 편 조종남 외 공역, 『웨슬리 설교전집 5』 (서울: 대한기독교서회, 2006), 147.

87 한국웨슬리학회 편 조종남 외 공역, 『웨슬리 설교전집 5』 (서울: 대한기독교서회, 2006), 164.

88　이도영, 『코로나19 이후 시대와 한국 교회의 과제』 (서울: 새물결플러스, 2020), 107-108.

89　이도영, 『코로나19 이후 시대와 한국 교회의 과제』 (서울: 새물결플러스, 2020), 110.

4부 코로나19 바이러스 이후 한국 교회의 과제들과 실천

14 공공성을 회복하여 칭찬받는 공동체

90　위의 책, 57.

91　로드니 스타크, 『기독교의 발흥』 손현선 역 (서울: 좋은 씨앗, 2020), 115-147.

92　이도영, 『코로나19 이후 시대와 한국 교회의 과제』 (서울: 새물결플러스, 2020), 65-66.

93　로드니 스타크, 『기독교의 발흥』 손현선 역 (서울: 좋은 씨앗, 2020), 127.

94　위의 책, 130.

95　위의 책, 66.

96　위의 책, 67.

15 모두가 행복한 공동체

97　위의 책, 74-75.

98　이도영, 『코로나19 이후 시대와 한국 교회의 과제』 (서울: 새물결플러스, 2020), 83-84.

99　위의 책, 85-86.

16 해함도, 상함도 없는 세상

100　이도영, 『코로나19 이후 시대와 한국 교회의 과제』 (서울: 새물결 플러스, 2020), 104.

101　위의 책, 135에서 재인용.

17 둘이 하나 되는 한반도

102　송영섭 목사가(수영로교회 국내·통일 선교 총괄) 국민일보에 기고한 기도문.

18 예수 그리스도의 제자 양육

19 지역에 뿌리를 내린 교회

103 마이크 프로스트외 1인,『일주일 내내 교회로 살아가기』송일 역 (서울: 새물결플러스, 2020), 66-67.

104 위의 책, 69-70.

105 국민일보, 겨자씨 칼럼 2020년 9월.

20 가정 신앙 교육

106 신형섭,『자녀 마음에 하나님을 새겨라』(서울: 두란노, 2020), 65.

107 위의 책, 34-37.

108 위의 책, 50.

109 위의 책, 52-54.

21 예배 회복

110 김재성,『하나님은 참된 예배자를 찾으신다』(용인: 킹덤북스, 2021), 24.